社会组织参与
农村留守老人养老服务研究

李熠煜　著

ZHEJIANG UNIVERSITY PRESS
浙江大学出版社
·杭州·

图书在版编目(CIP)数据

社会组织参与农村留守老人养老服务研究 / 李熠煜
著. —杭州：浙江大学出版社，2023.5
ISBN 978-7-308-23778-9

Ⅰ.①社… Ⅱ.①李… Ⅲ.①农村—养老—社会服务
—研究—中国 Ⅳ.①D669.6

中国国家版本馆 CIP 数据核字(2023)第 084750 号

社会组织参与农村留守老人养老服务研究

李熠煜　著

策划编辑	吴伟伟	
责任编辑	宁　檬	
责任校对	陈逸行	
封面设计	周　灵	
出版发行	浙江大学出版社	
	（杭州市天目山路 148 号　邮政编码 310007）	
	（网址：http://www.zjupress.com）	
排　　版	浙江大千时代文化传媒有限公司	
印　　刷	浙江新华数码印务有限公司	
开　　本	710mm×1000mm　1/16	
印　　张	12.25	
字　　数	215 千	
版 印 次	2023 年 5 月第 1 版　2023 年 5 月第 1 次印刷	
书　　号	ISBN 978-7-308-23778-9	
定　　价	68.00 元	

版权所有　侵权必究　　印装差错　负责调换

浙江大学出版社市场运营中心联系方式：(0571)88925591；http://zjdxcbs@tmall.com

目　录

第一章 绪 论

一、研究背景及意义

(一)研究背景

2021年5月11日,第七次全国人口普查结果公布。对比2010年的第六次全国人口普查结果可知,我国老年人口的总量正在迅速增加。2010年,我国60岁及以上老年人总数为1.78亿人,占总人口比重的13.26%;2020年,我国60岁及以上老年人总数为2.64亿人,占总人口比重达到18.70%。加上相关出生率的数据,进行综合考量,中国即将进入中度老龄化社会,且格局难以逆转。

此外,相关数据显示,农村老龄化形势严峻,老年人口的数量和比重持续攀升,明显高于全国和城市的平均水平。2021年,农村60岁及以上老年人、65岁及以上老年人占农村总人口的比重分别为23.81%、17.72%,比城镇分别高出7.99个百分点、6.61个百分点。面对农村人口老龄化所带来的持续压力,如何积极应对,是全社会的一项长期战略任务。

本书采用问卷调查和入户访谈的方法,对2000多名(浙江、湖南、江西、四川、重庆、海南等10个省市、53个村)60岁及以上老年人的养老基本情况进行了深入调查。调查发现,在现代化、城市化浪潮的冲击下,延续数千年的传统家庭养老模式面临瓦解的困境,正在构建的新乡村养老模式却举步维艰。

传统农村社会聚族而居,以家庭养老为主。随着城镇化建设速度的加快,青壮年劳动力大量进城务工,并长期居住或定居在城市。农村出现空心化,居民以老年人、儿童等为主。此外,由于近来社会各界对留守儿童的关注,很多有条件的父母陆续把儿童带离农村,部分村落仅剩不能适应城市生活的留守老人。农村家庭结构的根本性改变,意味着传统家庭养老模式难以为继。

另外,农村养老服务需求日益扩大,养老服务供给却越发不足,二者严重不平衡。随着农村人口老龄化的加剧,养老需求迅速增大,但受财政投入、市场完善程度、老年人收入情况、生活习惯等多重因素制约,农村养老服务供给存在严重短缺。特别需要说明的是,空心村的出现,导致村集体收入减少,用于养老的财力、人力也逐渐萎缩,这又进一步加剧了养老服务需求和供给的不平衡,甚至有形成恶性循环的趋势。

总体而言,目前中国农村养老服务在保障体系、规模、范围、标准、供给能力与服务水平等方面,都无法满足迅速增加的留守老人的相关需求,而留守老人生活状况差异较大、需求较为多样化,让问题变得更为复杂,给各级政府与社会带来极大的压力与挑战。

党的十八大以来,中央多次强调,妥善解决人口老龄化带来的社会问题事关国家发展全局和百姓福祉。面对农村人口老龄化不断加剧的问题,如何在城乡发展不平衡、东西发展不平衡的大背景下,合理提供相关的养老服务,满足农村老年人的养老需求,提升他们的生活质量,成为亟须解决的问题。这不仅是破解农村养老困局的重要突破口,而且是增强老年人获得感、幸福感和安全感的题中应有之义,还事关全面建成社会主义现代化强国目标。

本书针对现阶段农村老年人①养老服务需求增长与养老服务供给不足之间的突出矛盾,尤其是在农村青壮年劳动力流失,资金、设施、公共服务等投入不足的情况下,通过对社会组织参与农村老年人养老服务供给的实证研究,提出应从供给侧入手,在充分了解农村老年人养老服务需求的前提下,构建由政府主导、社会组织积极参与的,多元主体共同承担农村养老服务供给的模式。

（二）研究意义

1. 推进供给侧结构性改革,提高农村养老服务水平

长期以来,"谁来养老"的问题一直是社会关注的重点。中国传统社会主要依靠家庭养老模式。随着现代家庭结构的变迁和人们需求的变化,传

---

① 学界对于农村老年人群体的划分没有统一标准,大致分为两种:一是按农村老年人个体特征划分,二是按农村家庭结构划分。根据农村老年人的个体特征,按年龄可将其划分为农村低龄老年人、农村中龄老年人和农村高龄老年人;按健康程度可将其划分为完全自理老年人、部分自理老年人和失能老年人。

统家庭养老模式濒临瓦解。基于中国的传统文化与养老模式发展现状,养老服务作为一个综合体系和复杂工程,不能简单划定单一的责任承担者,需要关注供给主体的多样化、诉求的多样化、投入的多样化、模式的多样化,以及要素的多样化等方面。面对"老有所养、老有所依、老有所乐、老有所安"的养老目标和要求,我国养老服务在供给端仍存在较大不足,这在中西部农村尤其明显。

由于城市基础设施完善,医疗资源丰富,城镇居民收入较高,社会保障较为健全,尤其随着国家财政投入的增加和养老产业的发展,养老问题得到一定程度的纾解。广大农村地区由于居住分散、居民消费能力差,养老产业发展难度较大。此外,农村老年人普遍收入低、储蓄少,无财力享受品质较高的服务。

随着预期寿命普遍提高,农村高龄老年人、失能失智老年人日益增多,许多老年人体弱多病,部分甚至完全丧失了生活和劳动能力,亟须照料。农村老年人对生活照料、医疗健康、社会交往和权益保障等方面的需求日渐增加,而当代的少子化现状,更使得家庭养老负担不断加大,农村已成为中国应对养老挑战的重心。

在这种情况下,在政府承担起公共服务供给责任的同时,也需要社会力量采取多种方式加入其中。政府必须提供相关的顶层设计与政策支持,才能有效促进各类社会组织、企业和个人积极参与,解决农村养老服务供给严重不足的问题。

2.丰富学科研究成果,促进学科研究深化

学界对社会福利和社会保障方面的研究十分重视,有价值、有分量的成果迭出,但对养老服务理论的深度挖掘仍显不足,尤其是农村养老服务供给的相关研究较为薄弱。近年来随着农村老龄化程度的加深,学界对其的关注与日俱增,薄弱局面大有缓解的趋势。本书在丰富的实践调研结果的基础上,深入推进社会组织参与农村留守老人养老服务的研究,对养老服务研究的纵深发展,有较强的理论意义。

第一,丰富农村养老服务供给侧研究成果。由于农村空心化问题严重,社区治理水平下降,农村出现衰败现象。研究空心化背景下农村既有社会资本的运用,剖析农村养老服务的真实需求,能丰富养老服务供给侧结构性改革的内涵,提升农村养老服务质量。

第二,拓宽了政府与社会组织合作的领域。在农村养老服务领域,本书对政府与社会组织合作模式、合作领域的探讨具有一定的前瞻性。既有研究多聚焦在理论层面，对于农村养老服务中政府与社会组织合作的生成逻辑、实践样态及制约因素等重要内容缺乏讨论。

本书基于对全国10个省市、53个村的实际调研，对社会组织参与农村留守老人养老服务的实践样态、动因以及制约因素进行了分析，提出在农村青壮年劳动力外出务工，养老服务供给面临困境的情况下，应利用农村既有的资源禀赋优势，调动农村内生资源，增加农村养老服务供给。针对农村养老服务供给的"哑铃型"结构与养老服务需求的"橄榄型"结构严重不匹配的情况，提出应逐步建立以农村养老服务需求为导向，政府主导、社会组织共同参与的"养、依、乐、安"普惠型农村养老服务新模式。

二、相关文献回顾

（一）国外相关研究现状

1. 非政府组织参与养老服务研究

国外关于社会福利、养老保险保障的议题既有丰富的实践经验，又有深刻的理论。需要指出的是，1992年出版的《改革政府：企业家精神如何改革着公共部门》标志着新公共管理理论的兴起。新公共管理理论的服务理念对于养老服务的健全具有重要的启发意义。奥斯本和盖布勒从委托—代理的理论视角，对政府的交易成本做了详细的分析，指出政府面临的困境来源于没有完全掌握社会管理的方法，从而增加了服务成本。为提高效率、优化服务效能，政府需引进私人部门来参与治理，提升政府绩效。[①]

从20世纪80年代开始，国外学者相继对养老服务进行了许多政策性研究。例如美国学者提出的多元化政策理论认为，政府需要多关注政策的渗透力及社会资源的整合，以此提高自身的服务能力和决策效力。同时，政府要提高公共产品的数量和质量，降低公共服务成本，引入市场机制来提高服务效率。[②]

---

① 奥斯本，盖布勒.改革政府：企业家精神如何改革着公共部门[M].周敦仁，等，译.上海：上海译文出版社，2013.
② Wilson S, Meagher G, Hermes K. The social division of welfare knowledge: Policy stratification and perceptions of welfare reform in Australia[J]. Policy & Politics, 2012, 40(3): 323-346.

　　罗伯特·伍斯诺从组织特性角度出发,对国家、市场和志愿部门进行了界定,指出三个主体的频繁互动,可以形成新的资源模式。[①] 米利根和康拉逊提出,在促进家庭和社区的整合中志愿组织所起的作用复杂而有促进性,能帮助居民摆脱孤立成为有责任感的积极市民。[②] 某项调查结果显示,对于照顾老年人而言,志愿组织的工作行之有效,是有益的补充。[③] 总体而言,志愿组织进入养老服务领域,已然成为西方社会多元化养老的趋势。

　　2.非政府组织理论研究

　　20 世纪以来,国外对非政府组织(NGO)的研究主要有以下几点。(1)部门失灵理论,通过对市场失灵、政府失灵、契约失灵、志愿失灵的分析,学者探讨了市场、政府和非政府组织之间的互补性,论证了非政府组织在填补政府治理空域中的意义,提出非政府组织同政府建立合作关系的必要性。(2)跨部门理论,阐明了政府与非政府组织之间存在的竞争与合作的关系模式,包括伍斯诺的政府、市场和非政府组织相互依存理论,戈登、克拉默和萨拉蒙的政府—民间关系模型,科斯顿的政府—非政府组织关系连续图谱模型,纳贾姆的政府—非政府组织 4C 模型以及扬的政府—非政府组织关系SCA 模型等。(3)法团主义理论,分析了国家与社会间的常规互动,以及社团在政治格局中的作用。

　　3.中国农村社会结构和社会组织研究

　　(1)中国农村社会结构变迁。中国社会的急剧变迁,给学者提供了多样的视角,其中以杜赞奇的"权力的文化网络"[④]等成果最为著名。(2)中国社会组织的变化。怀特通过对杭州萧山的分析发现,在国家和新生社团之间悄然发生着权力转移。[⑤] 惠勒在 2012 年研究了美国非政府组织在中国的

①　Wuthnow R, Anheier H K. Between States and Markets：The Voluntary Sector in Comparative Perspective[M]. Princeton：Princeton University Press,1991.

②　Milliganc C, Conradson D. Contemporary Landscapes of Welfare：The"Voluntary Turn"？[M]. Cambridge：Cambridge University Press, 2022.

③　Chalmers L, Joseph A E, Smithers J. Seeing farmers' markets：Theoretical and media perspectives on new sites of exchange in New Zealand[J]. Geographical Research, 2009, 47 (3)：320-330.

④　Duara P. Culture, Power, and the State：Rural North China, 1900—1942[M]. Stanford：Stanford University Press, 1991.

⑤　White G. Prospects for civil society in China：A case study of Xiaoshan City[J]. The Australian Journal of Chinese Affairs, 1993 (29)：63-87.

作用。① 总体来说，没有涉及社会组织参与农村养老服务的相关研究。

（二）国内相关研究现状

1.农村养老服务研究

第一，农村养老保障研究。国内对农村养老保障的研究可谓硕果累累。围绕人口老龄化、养老保障制度设计、养老模式类型等问题，邓大松、郑功成、褚福灵、郑秉文、杨燕绥、穆光宗、杨翠英、申曙光等学者进行了深入探讨。

从养老保障的顶层设计看，相关著述丰硕，如清华大学杨燕绥的《社会保障概论》、中国人民大学潘锦棠的《社会保障学概论》从社会保障的视角探讨了养老问题，注重对政策的规划、分析和解读。其中，由北京大学国家发展研究院主持、中国社会科学调查中心实施的"中国健康与养老追踪调查"项目影响力最大。自2011年以来，该项目在28个省市跟踪调查了老年人的生活状况、身心健康状况、贫困率，社区养老设施和资源等。

北京大学穆光宗的《中华人民共和国老龄问题国家报告》和上海市社会科学院左学金的《面临人口老龄化的中国养老保障：挑战与政策选择》分析了我国"未富先老"的独特现象和发展趋势，指出"我国人口的内部结构、关系和功能发生了巨大而剧烈的变化，中国需要重建以人口结构和人民权利为双核的、积极应对人口生态失衡的现代人口治理体系"②。

学界在拓展"衰老"概念的基础上，延伸出对建立在"年龄"基础上的工资、退休制度甚至社会保障的讨论，并聚焦养老分配中农村老年人所面临的风险、社会养老机制、养老保障措施、公共服务体系以及市场服务分工等众多问题。③

第二，农村养老服务供给研究。学者大多将养老服务的内容分为三个方面，即经济支持、生活照料和精神慰藉。其中，医疗费和护理费分别被纳入经济支持和生活照料中。

有学者从养老供给的主体出发，将养老模式划分为非正式供给系统（家庭养老等）和正式供给系统（机构化养老等），并从不同方面讨论了养老服务

---

① Wheeler N. The Role of American NGOs in China's Modernization：Invited Influence [M]. New York ：Routledge，2012.

② 左学金.面临人口老龄化的中国养老保障：挑战与政策选择[J].中国人口科学，2001(3)：1-8.

③ 徐晶.村落不再，暮年何在——沪郊村落变迁中的衰老体验与养老经验[D].上海：上海大学，2013.

供给的影响因素,如林闽钢,①梁鸿、赵德余,②叶敬忠、贺聪余③等人的研究。

许多学者认为,在工业化和城市化的冲击下,青壮年劳动力离开农村进城打工,老年人留守家中。随着时代的变迁,传统的尊老、养老、爱老观念逐步淡化,家庭养老功能弱化,但养老不能完全交给政府,应该以政府为主导,发挥市场机制的作用,并引导社会参与解决。④ 农村的养老供给主体应该包括社会、市场和社区等。⑤

在农村养老服务供给主体和供给模式研究方面,学者提出各供给主体要依据自己的资源和特点,满足老年人的不同养老需求。⑥ 对困难老年人应提供物质和精神支持,加强农村老年人群体间的交流,帮助农村老年人纾困。⑦ 相关文献还探讨了供给与需求之间匹配程度的问题,提出精准匹配的目标等。⑧

第三,农村养老服务需求和发展方向。岳经纶指出,应高度关注老年人的社会服务需求,农村老年人的养老需求与个人特征、家庭状况、经济状况等相关。⑨ 养老服务社会化是趋势,当前最佳的养老模式是居家养老。对此邬沧萍、⑩穆光宗、⑪张奇林等进行了相关论述。尽管学者对于养老服务的研究有所突破,但上述成果大多以城市为底本,对农村居家养老服务问题的关注不够。

其中,在养老服务需求方面,学者主要关注农村老年人的需求结构、影

① 林闽钢.我国农村养老实现方式的探讨[J].中国农村经济,2003(3):33-39.
② 梁鸿,赵德余.农民参与社会养老保险行为选择及其保障水平的因素分析——来自上海郊区村庄层面的经验[J].中国人口科学,2009(1):88-96,112.
③ 叶敬忠,贺聪志.农村劳动力外出务工对留守老人生活照料的影响研究[J].农业经济问题,2010,31(3):46-53,111.
④ 张燕娥,李艺欣.农村"养儿防老"模式面临的现实困境[J].人民论坛,2017(6):74-75.
⑤ 彭金玉.农村空巢老人社会化养老服务体系研究——基于诸暨市的实证分析[J].人民论坛,2013(2):156-157.
⑥ 李兆友,郑吉友.我国农村社区居家养老服务协同供给探析[J].东北大学学报(社会科学版),2016,18(6):616-621.
⑦ 赵立新.社区服务型居家养老的社会支持系统研究[J].人口学刊,2009(6):41-46.
⑧ 王飞鹏,白卫国.农村基本养老服务可及性研究——基于山东省17个地级市的农村调研数据[J].人口与经济,2017(4):54-62.
⑨ 岳经纶,刘洪,黄锦文.社会服务:从经济保障到服务保障[M].北京:中国社会出版社,2010.
⑩ 邬沧萍.从人口学到老年学[M].北京:首都师范大学出版社,2010.
⑪ 穆光宗.家庭养老制度的传统与变革[M].北京:华龄出版社,2002.

响因素和特殊群体的养老需求,并在此基础上,就如何满足农村老年人养老服务需求提出了相应建议。例如,有学者对居家养老服务的需求强度进行了研究,[1]有学者对个体感知与居家养老服务需求的关系进行了研究,[2]还有学者对农村社会居家养老服务意愿和需求以及影响因素展开了调研。[3]

2. 农村社会组织研究

第一,农村社会组织的界定及功能。王颖、折晓叶和孙炳耀最早对中国乡镇的社团进行了研究。[4] 此后,俞可平、[5]温铁军、[6]全志辉[7]等分别对社会组织的概念进行了界定。邓国胜率先对乡村民间组织的发展进行个案研究。肖唐镖研究了宗族。[8] 张晓山着重研究了农村专业经济合作组织。

以徐勇为代表的研究者指出要建立主要依靠市场导向和利益纽带的农民自发组织。贺雪峰提出不同区域农民的认同和行动单位之间有差异。此外,还有赵树凯、罗兴佐、于建嵘、邓燕华等人的研究。

第二,社会组织参与公共服务。社会组织参与公共服务的实践类型和效果取决于社会对公共服务的需求,如王名、刘国翰和何建宇,[9]郑功成,[10]汪锦军,[11]徐家良、赵挺[12]等人的研究。沈荣华指出,社会组织发展的契机可

---

① 李兆友,郑吉友.农村社区居家养老服务需求强度的实证分析——基于辽宁省 S 镇农村老年人的问卷调查[J].社会保障研究,2016(5):18-26.

② 姚俊,张丽.嵌入性促进、个体性感知与农村居家养老服务需求——基于三省 868 名农村老人的问卷调查[J].贵州社会科学,2018(8):135-141.

③ 黄俊辉,李放,赵光.农村社会养老服务需求意愿及其影响因素分析:江苏的数据[J].中国农业大学学报(社会科学版),2015,32(2):118-126.

④ 王颖,折晓叶,孙炳耀.社会中间层:改革与中国社团组织[M].北京:中国发展出版社,1993.

⑤ 俞可平.中国农村的民间组织与治理——以福建省漳浦县长桥镇东升村为例(上、下)[J].中国社会科学季刊,2001(30):99-103,113-124.

⑥ 温铁军."三农"问题与制度变迁[M].北京:中国经济出版社,2009.

⑦ 全志辉.农村民间组织和中国社会发展[M].北京:社会科学文献出版社,2009.

⑧ 肖唐镖.宗族在重建抑或瓦解——当前中国乡村地区的宗族重建状况分析[J].华东师范大学学报,2011(2):31-37.

⑨ 王名,刘国翰,何建宇.中国社团改革——从政府选择到社会选择[M].北京:社会科学文献出版社,2001.

⑩ 郑功成.中国社会保障制度变迁与评估[M].北京:中国人民大学出版社,2002.

⑪ 汪锦军.浙江政府与民间组织的互动机制:资源依赖理论的分析[J].浙江社会科学.2008(9):31-37.

⑫ 徐家良,赵挺.政府购买公共服务评估机制研究[J].政治学研究,2013(5):87-92.

以通过公共服务主体社会化和市场化来提供。[①] 章晓懿认为,政府与民间组织的合作模式应该是:资金由政府提供,配送服务由民间组织提供。[②] 政府与民间组织密切联系,互相配合,共同提供公共服务。[③]

政府在购买公共服务前,要明确自身的角色与定位,理顺其与社会组织的关系,密切关注社会组织的培育和运营管理。社会组织在提供公共服务的过程中可能会有一些疏漏,应从构建制度体系、加强政社合作、扩大资金来源、增强社会组织责任感、培育专业社会工作者等多方面,来考察政府购买公共服务的行为。[④]

郑功成撰文指出,随着中国老龄化程度的加深,社会组织应成为养老主力军。[⑤]《中国社会组织报告》对社会组织参与养老的现状进行了回顾和梳理。[⑥] 同时,对互助养老的研究也进入了学者的视野。[⑦] 互助养老作为农村社会共同体建设的重要切入点,既是农村低成本积极应对人口老龄化的重要途径,也是乡村振兴的重要环节。[⑧]

3. 研究述评

通过以上梳理可以看出,虽然以往文献对农村老年人养老面临的风险和困境进行了较为深入的探讨,却没有回答或者说没有解决农村老年人养老中最切实的问题:在农村青壮年流失的情况下,留守农村的老年人由"谁来养老"。

第一,空心化背景下对农村养老服务的供给侧结构性改革缺乏研究。随着大量青壮年劳动力涌入城市,农村逐渐演化为人口、土地、产业和基础设施整体空心化。农村空心化带来的一个重要问题就是劳动力短缺,留守

---

① 沈荣华.制度建构:枢纽型社会组织的行动逻辑[J].中国行政管理,2014(10):41-45.

② 章晓懿.政府购买养老服务模式研究:基于与民间组织合作的视角[J].中国行政管理,2012(12):48-50.

③ 章晓懿.政府购买养老服务模式研究:基于与民间组织合作的视角[J].中国行政管理,2012(12):48-50.

④ 王浦劬.政府向社会组织购买公共服务研究:中国与全球经验分析[M].北京:北京大学出版社,2010.

⑤ 郑功成.让社会组织成为养老服务生力军[J].学会,2016(1):25,44.

⑥ 黄晓勇.中国社会组织报告[M].北京:社会科学文献出版社,2017.

⑦ 贺雪峰.如何应对农村老龄化——关于建立农村互助养老的设想[J].中国农业大学学报(社会科学版),2019,36(3):58-65.

⑧ 刘妮娜.从互助养老到互助共同体:现代乡村共同体建设的一种可行路径[J].云南民族大学学报(哲学社会科学版),2021,38(2):109-117.

人员以老幼妇为主,农村养老面临后继无人的局面。在此前提下,如何从供给端入手满足农村留守老人不同层次的养老需求,了解他们的真正喜好,保障农村养老服务的有效进行,目前学界缺乏相关研究。

第二,空心化背景下对农村养老服务中社会组织的实践缺乏关注。从国际上来看,家庭和社会组织共同承担居民养老已是现代社会的必然趋势。在对许多地方的调研中发现,老年人协会、关爱之家等养老社会组织已经出现,以合作社形式出现的经济组织承担了部分养老功能,基层政府为主导推动的居家养老服务中心活跃于乡村,它们试图弥补居家养老、机构养老等模式的不足。但既有成果仅就某一类型的社会组织予以分析,缺乏对农村社会组织职责和作用的全面梳理,尤其对农村留守老人的需求和安置关注度不够。

虽然这些社会组织缺乏政府引导和相关政策,组织规模小、形式不够规范,面临资金压力、专业护理人才匮乏等多种制约因素,发展空间有限,但在农村空心化背景下,它们在一定程度上填补了农村养老服务的空缺,对乡村治理做出了有益的尝试。

三、研究思路与方法

(一)总体研究框架

目前我国的社会保障以社会保险为主,社会福利和社会救济的发展较为滞后。社会保险中养老保险只能满足老年人的基本生活消费需要,现行的农村医疗保险也只能解决部分医疗费用支出的问题,无法覆盖老年人出院后的护理康复等费用。在老年人生活需求多样化、多层次的今天,要实现老年人的"养、依、乐、安",需要提供更丰富的物品和服务,综合满足老年人多样化、多层次的需求。因此,要建立可持续的养老服务模式,首要条件是充分了解老年人的需求和喜好。

调研发现,在湖南、湖北、浙江等地,许多老龄协会从最初的老年人娱乐场所,演变成老年人互助养老的社会组织,弥补了居家养老、机构养老等模式的不足;江苏、安徽等地出现了合作社牵头的社会组织,部分承担了农村的养老服务供给。此外,农村还有一些以村小组为单位的自发性基金组织、邻里互助小组,采取互助等形式,来抚恤孤寡、操办红白事等。在乡村治理中,这些社会组织通过各种方式,达成了与基层政府的合作,满足了不同层次、不同能力老年人的需求,为乡村治理的现代化提供了新路径。

鉴于此,本书试图从现有不同社会组织参与农村养老服务的实践出发,对农村留守老人和非留守老人的养老需求、养老意愿予以剖析,并对不同类型社会组织提供的养老服务进行研究,指出单纯依靠政府或社会组织无法完善农村养老服务,应从供给侧结构性改革入手,构建以需求为导向的政府和社会组织共同参与的农村养老服务模式,满足农村养老需求。

1. 农村养老服务供给模式的变迁和现实困境

受儒家文化的影响,我国传统的养老模式是由子女承担赡养义务和提供照料的家庭养老模式。随着农村青壮年劳动力大量进城务工,家庭养老模式日渐衰落,养老压力愈发增加。本书在梳理我国农村养老服务供给历史变迁的基础上,分析了传统农村养老服务供给的文化根基和模式,还原了新中国成立后农村养老服务供给的变化历程。

第一,传统农村养老服务供给模式。传统社会中聚族而居的生活方式形成了极具特色的宗族养老模式。"孝"是宗族养老文化的基础,"义庄"是宗族养老互助的载体。

第二,新中国成立以来的养老服务供给模式。新中国成立以来,农村养老服务供给从建立针对农村"五保户"的供养体系,发展到目前较为完整的农村养老服务体系,大约走过了70多年,经历了四个发展阶段。

第三,农村养老服务供给面临的现实困境。由于长期以来财政投入不足、政策制度滞后、服务对象单一等问题,农村养老服务的供需矛盾突出,表现为不同服务层次、不同服务内容的结构性矛盾,尤其体现在对高龄老年人、特困老年人、失能失智老年人的服务上。

第四,空心化背景下农村留守老人生活现状和面临的风险。随着社会经济发展,农村人口外流现象仍不断加剧,农村空心化问题严重,集中表现为农村青壮年减少、土地抛荒和房屋闲置、公共基础设施和公共服务短缺,并由此带来一系列社会问题。

通过对10个省市、53个村的调研发现,农村留守老人生活状况不容乐观,面临较大风险。

2. 农村空心化背景下社会组织参与养老服务供给的必要性与可行性分析

第一,社会组织参与农村养老服务供给的必要性分析。传统农村社会以家庭养老为主,但空心化导致农村家庭结构发生改变,农村留守老人面临极大的生活风险。此外,空心村现象还造成养老服务的财力、人力严重不足,养老服务质量差等问题,难以满足迅速增加的农村养老服务需求。

第二,社会组织参与农村养老服务供给的可行性分析。由于每个老年人的失能程度、家庭情况不一样,因而养老需求也存在较大差异,单一化地提供公共服务和公共产品,无法满足老年人的诸多需求,且政府无力直接提供全部的服务和产品,必须引入新的供给方式。社会组织本身具有填补公共服务供给缺口的功能,能有效补齐政府养老服务提供不足的短板。

本书运用社会资本理论分析了社会资本参与养老服务的逻辑,将农村的社会资本分为血缘性文化资本、地缘性组织资本和业缘性制度资本。在血缘性文化资本的支撑下,家庭养老是农村养老的主要模式,当其与其他社会资本相互连接、相互配合时,能在农村养老实践中发挥重要作用,改善农村老年人的养老状况。在地缘性组织资本的影响下,有更多的社会组织加入农村养老服务供给行列,拓宽了养老服务范围,增进了农村社会的互惠合作,从而提升了农村养老服务供给的质量和水平。建立在村规民约基础上的非正式制度和正式规章制度组成的业缘性制度资本,能拓宽农村老年人养老的社会支持范围,从家庭延伸到社区、政府、社会,成为农村养老服务的重要补充。

因此,要在政府引领下调动社会组织的积极性,利用既有的社会资本将农民组织起来,满足不同年龄段、不同经济状况和身体状况老年人的需求,在组织内部为农民提供相应的养老服务。

第三,社会组织参与养老服务的政策支持分析。社会组织参与农村养老服务建设,必须得到政府的支持,这样才能激发社会组织参与养老服务的动力。由于社会组织参与养老服务的动力来源于政府的支持,故必须优化与之相关的制度与资源配置,从社会组织养老服务的宏观政策、中观政策、微观政策三个层面展开分析。

3. 供给侧视域下农村老年人的需求与养老意愿分析

第一,供给侧视域下农村老年人的需求。鉴于农村空心化现状,本书采用扎根研究法对农村留守老人和非留守老人的养老需求展开研究,通过考察老年人真实的养老需求,分析影响养老服务供给的外界因素,减少无效供给,扩大有效供给,构建与需求相匹配的留守老人养老服务供给模式。在对湘潭市老年人调研的基础上,本书从需求内容设定、供给主体设定、支持方式设定、需求历史变化设定四个维度对留守老人和非留守老人展开分析。

此外,从社会支持、健康自评的角度分析了农村留守老人养老意愿的影响因素。

第二,空心化背景下农村留守老人养老意愿分析。农村留守老人的个体需求差异对其选择何种养老模式具有一定影响。研究显示,除经济收入外,个体特征也会对老年人养老模式的选择产生影响。本书以安德森模型为分析框架,对农村留守老人养老模式的选择进行研究,基于倾向因素、使能因素、需求因素三个方面,从农村留守老人的基本情况、社会支持状况、健康自评状况三方面着手,在充分把握农村留守老人养老意愿的基础上,探究社会支持、健康自评对农村留守老人养老意愿的影响及作用,从而分析农村留守老人的养老需求,探求社会组织参与农村留守老人养老服务供给侧结构性改革的可行性。

研究揭示,农村老年人的需求是多维度、多层次的,影响老年人养老意愿的因素也是多样化的,接受过社区服务或社会组织服务的老年人更倾向于社区养老或机构养老。这不仅为社会组织介入农村养老服务领域提供了事实支持,也为社会组织参与养老服务供给提出了新的要求。

4. 农村空心化背景下社会组织参与农村养老服务供给的现状及制约因素

第一,社会组织参与农村养老服务供给的实践样态及动因。笔者在湖南、江苏、安徽等社会组织参与养老服务程度较高的农村地区,选取了若干典型案例,如政府建设的敬老院、民间自发组织的老龄协会、村庄主导的基金会等,在实证分析的基础上对社会组织参与养老服务的实践样态进行归纳。以政府与社会组织关系的互补程度为依据,参照社会组织的性质将其分为自组织型、服务型、支持型和合作社型,并分别从提供服务与需求的视角出发,基于社会组织提供养老服务的具体内容,进行养老服务类型划分。

第二,社会组织参与农村养老服务供给的制约因素。找到影响社会组织参与农村养老服务供给的制约因素,如农村劳动力流失、政府与社会组织的关系不够紧密、社会组织存在发展瓶颈等,可为完善社会组织参与农村养老服务提供相关依据。

5. 构建以需求为导向的社会组织参与农村养老服务供给模式

第一,社会组织参与农村养老服务的供给侧结构性改革思路。一是如何识别农村老年人的有效需求,探讨农村老年人养老需求的构成、影响因素及其变化;二是如何发挥政府的主导作用,平衡政府、市场和社会组织之间的关系,探讨构建多元供给主体间的协同机制,扩大养老服务的有效供给,实现养老服务供给与需求的结构性平衡。

第二,以政府为主导、社会组织共同参与的养老服务供给侧结构性改革路径。(1)供给侧结构性改革背景及内涵。每个老年人的年龄、家庭情况、经济状况、身体状况不同,对养老服务的需求也有所不同,公共服务和公共产品的供给不能简单地均一化。要充分利用社会和市场的力量,不同种类的养老服务可以由不同类型的社会组织来提供,政府和社会组织的合作方式也应该更为灵活。(2)供给侧结构性改革内容。打破养老服务需求"橄榄型"结构与养老服务供给"哑铃型"结构之间的失衡局面,发挥政府的主体作用,以家庭为基础,依托社会组织,以市场供给为补充,提高养老服务质量。(3)供给侧结构性改革路径。明确政府在农村养老服务供给侧结构性改革中的地位,构建以农村老年人需求为导向的农村养老服务体系,创新以政府为主导、社会组织共同参与的农村养老服务机制,丰富农村养老服务供给侧结构性改革的内容和方式。

(二)研究思路

基于对现有研究的理论反思,本书立足调研实践,沿着"提出问题→分析问题→解决问题"的逻辑思路展开。

首先,提出在农村空心化背景下,社会组织参与农村养老服务的必要性与可行性。其次,在进行大量实证调研的基础上,分析社会组织参与农村养老服务的现状及掣肘。再次,在分析农村空心化导致的人力、财力流失问题基础上,指出应根据农村养老服务的不同层次需求,在分析农村老年人的不同养老意愿基础上,划分社会组织参与养老服务供给的类型,并提出供给侧结构性改革的内容及方式。最后,就如何加强社会组织参与农村养老服务供给侧结构性改革提出政策性建议。

(三)研究方法与资料来源

1.研究方法

传统的中国政治学重视文本分析方法,具有规范研究的倾向。本书从田野调查出发,考察社会现象背后的社会基础和深层结构;在研究方法上,以实地调查为主要方法,注重对经验事实的梳理,重视地方性知识和传统文化的影响,既运用扎根理论等质性研究方法对调研资料进行归纳分析,又运用量化研究法构建模型来讨论分析。

本书运用社会资本和元治理理论来剖析田野调查实践,但并非在西方理论视野中解读,而是在经验事实的基础上,对田野调查中的材料和数据进行提炼及概括,即在获得具有足够深度和厚度的经验事实上,运用扎根理论,从访谈资料入手进行归纳分析,利用安德森模型进行数据分析,构建立足中国农村实际的理论框架。

(1)抽样调查法。调研采用随机抽样和分层抽样的方法。调查内容见附录。

笔者进行了两次较大规模的抽样调查。一是以湖南省湘潭市为例,对全市辖区的农村留守老人进行了调查,持续时间为半年,有效回收问卷 930份;二是对全国范围内的 10 个省市进行抽样调查,持续时间近两年,有效回收问卷 1216 份。

(2)深入访谈法。在湖南、江苏两省选取若干农村社会组织进行深入访谈,在分析实证案例的基础上对社会组织参与农村养老服务的模式进行归纳。

笔者分别选取了湖南省湘潭市和邵东市的试点村为案例村,以老龄协会、民间养老机构等农村社会组织为调查对象,同时还在安徽、江苏等地调研了当地的维权组织和养老合作社。对社会组织参与养老服务的机制进行研究,以期为农村养老服务以及农村社会组织发展提供更广的思路。

相关资料主要来源于访谈记录、调查问卷以及笔者对所参与活动的观察。笔者采用非结构式访谈法和问卷调查法,对调查对象进行采访。访谈对象包括社会组织的负责人及骨干成员、当地村民、村干部和乡镇干部等(具体访谈笔录及编码见附录)。

(3)文献分析法。对国内外相关文献资料进行搜集、鉴别、整理。主要表现在以下两个方面。

一是对理论文献的梳理。根据研究的主要对象、内容及其发展历程,查阅了国内外主要文献数据库,搜集了与养老服务、社会组织参与养老服务、社会资本参与养老服务、供给侧结构性改革相关的文献。

二是对调研资料的整理。调研资料主要指调查问卷、访谈资料,以及调研对象的工作成果、宣传展板、网站等资料,这些是加深对调研对象认识的有益途径。

(4)比较分析法。比较分析不同省市、不同背景的农村老年人的养老服务需求差异,比较分析社会支持、健康自评的差异对农村老年人养老意愿的影响。本书涉及的农村社会组织参与养老服务的研究,需要通过对不同地区农村社会组织参与养老服务的实践样态进行观察分析,从中找出其发展动因和制约因素,然后归纳总结、比较分析差异之处。

2.资料来源

2018年1月至2019年12月,笔者在全国范围内进行了两次较大规模的问卷调查,选取湖南、江西等10个省市的60岁及以上农村老年人进行随机抽样调查,并选取具有代表性意义的湖南中部城市湘潭农村的留守老人进行单独抽样调研,进行重点分析。

(1)全国10个省市、53个村抽样调查。2018年1月至2019年12月,笔者在全国范围内进行随机分层抽样,共选取10个省市的53个村进行调研,①其中有四川、江西等劳务输出大省,也有浙江等东部富裕省份。本次调查共回收了问卷1246份,调查对象为常居农村且为当地农业户口的60岁及以上老年人。去除无效问卷,得到有效问卷1216份,其中确定为留守老人的1015份。

(2)湘潭市农村抽样调查。对于湘潭市的抽样调研时间为2018年5月至11月,为期半年。笔者对湘潭市行政区划内农村的所有留守老人进行了全面调查,并按照随机抽样和分层抽样的方法,对湘潭市下辖、代管的5个区(县、市)的81个自然村,934位留守老人和"五保户"进行了面访式调查,有效回收问卷930份。经核实,符合留守老人认定的问卷为533份。之所以有效问卷数量与实际发放数之间有较大差异,原因在于930份问卷中包括了农村"五保户"397人。

以上两次调研均采用随机抽样的方式进行问卷调查,并同时对重点目标人群采用无结构访谈法进行深入研究。调查问卷内容包括受访者的个人特征、家庭情况、经济状况、生活状况、健康状况和社会福利水平等。第一次问卷设计完成后先进行了小规模试点,并根据预调查反馈的结果对问卷进行调整。第二次调查问卷是在进一步修改完善的基础上形成的最终版,也是本书数据的来源及依据。

---

① 10个省市分别为湖南、四川、山东、山西、河南、浙江、海南、重庆、江西、甘肃。

第二章 社会组织参与农村养老服务的内在机理

一、基本概念框架

（一）养老服务

关于老年人的定义，不同的历史时期有着不同的界定。南朝皇侃注释《论语》时说："老，谓之五十以上。"宋元之际的《文献通考·户口考》记载："晋以六十六岁以上为老，隋以六十岁为老，唐以五十五岁为老，宋以六十岁为老。"我国《老年人权益保障法》第二条规定，"老年人是指 60 周岁以上的公民"，即公民年满 60 岁就正式步入了老年人行列。世界卫生组织将老年人定义为 60 岁及以上的人群。随着全球老龄化程度加深，部分西方发达国家认为 65 岁才是中、老年人的分界点。

传统社会里，照顾老年人的责任一般由其子女承担，特殊情况下由政府承担。[①] 此外，古代很早就有政府和民间共同设立的"悲田院""福田院""养济院"等福利机构，专门从事养老救助活动。现代社会里，养老服务作为基本的公共服务，既指家庭成员、亲属承担赡养、扶养义务，也指由政府和社会为老年人提供必要的生活服务，用以满足老年人的物质和精神需求。养老服务包括生活照料、医疗保健、精神慰藉、文化娱乐、临终关怀等，以满足老

---

① 如，唐朝的《唐户令》规定政府应对老而无依者实行照料，"诸鳏寡孤独贫穷老疾不能自存者，令近亲收养，若无近亲，付乡里安恤"，养老恤孤被视为基层政府的职责之一。到了明、清时期，法律更是规定"凡鳏寡、孤独及残废之人，贫穷无亲属依倚，不能自存，所在官司，应收养而不收养者，杖六十"，直接将抚恤孤寡与基层职责挂钩，并制定了惩罚措施。

年人的衣、食、住、行、医等基本需求,达到"养、依、乐、安"的目的。

基本养老服务具有社会性和公益性。社会性是指养老服务不仅由家庭提供,且随着社会的进步,政府、社会组织、企业、志愿者等多元主体为老年人提供各种满足物质和精神生活的服务。公益性是指养老服务作为纯公共物品和准公共物品,应向全体国民提供,具有可及性和可得性。其中,养老服务的可及性,意味着老年人可以轻松解决养老服务获取难的问题,实现老有所养;养老服务的可得性是指老年人可获得价格较低的养老服务,即解决养老服务价格昂贵的问题。[①] 另外,非基本养老服务遵循市场化原则,高收入的老年人可以从市场上获得更好的养老服务,具有市场化的特性。

(二)农村养老服务的供给与需求

从财政投入、人群聚集程度等方面来看,农村养老服务先天就存在诸多不足,要缩小城乡差距,必须填补养老服务供给的不足,满足日益增长的农村养老服务需求。

1. 农村养老服务供给

养老服务供给,是为满足老年群体特定的社会需求,提供物质和非物质供给和服务的过程。学界对此有"家庭养老服务供给"和"社会化养老服务供给"等提法。

(1)家庭养老服务供给。在传统农业社会里,最基本的生产生活单位是家庭,家庭承担了抚养孩子和照顾老人的职能。家庭养老服务供给即子女对长辈的赡养和送终,是家庭成员代际分工的体现。在儒家文化里,家庭是社会最基本的伦理单元,在孝文化的引导下,赡养老人不仅是为人子女的本分,更具有伦理上的意义。传统中国社会的伦理规范要求尊老孝亲,故有"夫孝,始于事亲"(《孝经》),"父母在,不远游,游必有方"(《论语·里仁》)等古训。作为伦理道德规范,孝顺长辈还是评判个人道德水平的重要标准,例如:"孝悌也者,其为仁之本与"(《论语·学而》),"百善孝为先"等。

按照子女赡养长辈的外在表现,家庭养老可分为子女与父母共同居住、子女与父母分开居住和老年人单独居住等方式。无论采取何种居住方式,子女都承担长辈的养老责任,提供养老资源,包括提供经济支持、生活照料

---

① 林闽钢.论我国社会养老服务的公益性及实现途径[J].人口与社会,2014,30(1):7-11.

和精神慰藉等。[①]

（2）社会化养老服务供给。社会化养老服务供给是指政府、社会组织、企业等多元主体，代替传统社会中的子女，提供照料老年人的养老服务。随着家庭结构小型化、家庭类型多样化、农村家庭成员空巢化等趋势，家庭养老服务在逐步削弱，需要社会化的安排来承担养老服务。

社会化养老服务供给是以传统支持网络之外的其他主体为中心的服务供给与需要满足行为，[②]分为社区养老服务、社会机构养老服务等。其中，社区养老服务是指以农村社区为依托、专业化服务为基础，向老年人提供生活照料、生活护理和精神慰藉等养老服务；社会机构养老服务是指依托公益性机构，为农村老年人提供"养、依、乐、安"所需的服务。

2.农村养老服务需求

农村养老服务需求主要指农村老年人在养老生活过程中，对物质、精神等方面需求的总和，并由家庭、政府、社会组织等共同提供的相关服务来满足。农村养老服务不仅包括向老年人提供生活照料、医疗保健及精神慰藉服务，还包括在生产活动、社会交往、社会管理等方面对老年人的支持和帮助。

其中，生活照料服务主要指满足农村老年人衣食住行等基本生活需求的服务；医疗保健服务既包括日常的医疗看护、健康护理等内容，还包括临终关怀服务；精神慰藉服务主要指对老年人进行心理上的关注和安慰。

多数农村老年人一生都与土地和农业生产紧密联系，适度的劳动锻炼有助于保持老年人的经济独立能力，维护身心健康，这也是部分老年人不适应城市生活，宁愿留守乡村的重要原因。研究发现，在江苏、安徽、河北等多地农村中，老年人对生产性服务表现出较为浓厚的兴趣与需求。[③]

总体来看，当前农村养老服务的供给和需求之间存在着结构性失衡。一是农村养老服务需求的多样化与农村养老服务供给的"哑铃型"结构存在矛盾；二是农村老年人对于养老服务的需求，存在生存型供给与高质量型需

---

① 郭金来.中国家庭养老服务支持政策：需求、评估与政策体系构建[J].广州大学学报,2021(4)：
　 61-70.

② 吴培材.照料孙子女对城乡中老年人身心健康的影响——基于 CHARLS 数据的实证研究[J].
　 中国农村观察,2018(4)：117-131.

③ 贺雪峰.乡村振兴战略要服务老人农业[J].河海大学学报(哲学社会科学版),2018,20(3)：
　 1-5,90.

求之间的矛盾。

2018 年，中央农村工作领导小组办公室提出的《国家乡村振兴战略规划（2018—2022 年）》指出，应以"加快建立以居家为基础、社区为依托、机构为补充的多层次农村养老服务体系"为工作重点，以此为契机，尽早实现农村养老服务供给和需求的平衡，推进农村养老服务的全面发展。

（三）农村留守老人

1. 农村留守老人的定义

关于何谓留守老人，目前学界尚未有统一标准，但大多与子女离家的距离、时间，以及能否为老年人提供生活照料相关。[①]

从政府层面看，民政部下达的文件中虽然强调对农村留守老人实行关爱服务，但考虑到各地的实际情况，全国没有对农村留守老人的统一界定。2018 年，湖南省民政厅等 9 部门发布的《关于进一步加强农村留守老人关爱服务工作的实施意见》明确要求"对辖区内因子女或者其他赡养义务人全部离开县域范围外出半年以上、留在农村生活的 60 周岁以上老年人进行全面摸底并定期排查"。《郑州市关于加强农村留守老年人关爱服务工作实施方案》将"子女全部离开县域范围外出务工或经商等半年以上、留在农村生活、身边没有赡养人或者是赡养人没有赡养能力的 60 周岁以上老年人"界定为农村留守老人。作为劳务输出大省，河南与湖南对留守老人的界定大体相似，也与民政部的留守老人录入信息系统的标准符合。但各地民政部门在执行中却有出入，主要争议点在于具体认定时，不能单纯以行政区划县为标准判断，因为两个县城的交接处往往是相连的。以行政区域划分，很可能造成子女实际上住得并不远，但居住地属于邻县，父母在户籍原地被划为留守老人。而有的子女虽然住得不远，但一年回家次数非常有限，事实上忽略了对老年人生活的照料。

综上所述，结合具体的田野调查实践，本书将农村留守老人界定为：与子女或其他赡养人、扶养人分开居住 6 个月以上，且与子女或其他赡养人、

---

① 例如，将留守老人看作是"有户口在本社区的，子女每年在外务工时间累计 6 个月及以上，自己留守户籍所在地的农村老年人"，参见：叶敬忠，贺聪志. 静默夕阳：中国农村留守老人［M］. 北京：社会科学出版社，2008；也有认为子女外出时将父母留在户籍原地且年龄在 60 岁（65 岁）及以上的农村老人是留守老人，参见：周福林. 我国留守老人状况研究［J］. 西北人口. 2006（1）：46-49，56.

扶养人的实际居住地相距车程超过 60 分钟，户籍为农业人口，独自生活在农村的 60 岁及以上老年人。

　　农村留守老人在户籍、年龄、时间、空间距离、生活状态上分别具有如下特征：一是在户籍上，为农业人口。非农人口暂居农村不在此列，这是考虑到非农人口即便是退休后居住在农村，但受社保、医疗等条件所限，往往只是身体状况良好时暂居。二是在年龄上，为 60 岁及以上。这是按照《老年人权益保障法》中界定的老年人年龄而定的。三是在时间上，与子女或其他赡养人、扶养人分开居住超过 6 个月。受生理和心理条件制约，老年人长时间缺乏家人照料，生活上可能不便，精神上不适应，容易导致各种问题。四是在空间距离上，以子女与父母相距 60 分钟车程为限。以 60 分钟车程为衡量标准，是考虑到解决老年人突发应急问题所需要的时间。现代社会中，空间距离超过一个小时车程，就难以处理老年人的突发应急事件。五是在生活状态上，老年人（含夫妻）是否独居，以子女是否能实际承担生活照料来划分。如果进入养老机构，或者与除配偶以外的人共住，视为有人照料生活。

　　2. 农村留守老人类型

　　有研究指出，居住在农村的留守老人大体可以分为三类，即有生产能力的低龄老年人，能生活自理的普通老年人，失能、半失能的高龄老年人。[①]笔者在调研中也印证了这点。

　　（1）具有生产能力的低龄老年人。他们普遍身体健康，子女已婚，父母去世，农业生产劳动强度不高，空闲时间较多。虽然他们收入不高，但农村的消费也不高，手中有一定存款。因此，他们是农村留守老人中最安逸的群体。

　　（2）具有生活自理能力的普通老年人。他们不再从事农业生产劳动，收入来源减少，心理上相对脆弱；但能照顾好自己，依靠自己的积蓄、子女的经济支持、政府基本养老保险实现自给自足。

　　（3）失能、半失能的高龄老年人。他们丧失了生活自理能力，迫切需要他人看护。这类老年人虽然数量少，但生活非常艰辛，甚至会出现自杀等极端事件。他们是农村中突发事件最多的群体，也是最需要关注的群体。

---

① 贺雪峰. 互助养老：中国农村养老的出路[J]. 南京农业大学学报（社会科学版），2020, 20(5)：1-8.

（四）农村社会组织

1.农村社会组织的定义

依据联合国对社会组织的定义,公民志愿组织是非营利、非政府、非宗教、非政治性的公益性社会组织。[①] 它们提供各种各样的服务,并发挥人道主义作用,在向政府反映公民诉求、监督政府和鼓励政治参与等领域扮演着重要角色。

社会组织的涵盖面相当广泛,涉及科教文卫、社会福利和社会救助、生态环境等多方面,包括基层自治组织、人民团体、社会团体、行业组织、中介组织和基金会等。在市场经济体制中,社会组织是政府与社会主体之间沟通信息、平衡社会利益冲突,在社会和经济发展过程中发挥"中介作用"的组织。按照我国民政部的划分,社会组织可分为三种类型:民非企业、基金会、社会团体。

中国传统社会中一直有着发达的民间组织,它们在基层治理中起着重要作用,如乡绅主导的乡村自治组织,曾经在基层长期占据主导地位。改革开放之后,伴随农村经济的发展、村民自治的展开,社会自主性增强,各类社会组织迅速出现,并渗入乡村生活,成为乡村治理中不可忽视的力量。

参照我国民政部的管理条例定义,农村社会组织可以视为为促进农村经济发展、丰富农村生活、增进农村社会福祉而建立的社会组织,是沟通政府和农民之间信息、协调各方面行为的组织。

2.农村社会组织的分类

目前学界对于农村社会组织的分类标准还没有达成共识。中国的社会组织在改革开放以后高速发展。以社团为例,20 世纪 50 年代初,全国性社团只有 44 个,60 年代不到 100 个,地方性社团大约为 6000 个。[②] 到 1989 年,全国性社团的数量猛增到 1600 个,地方性社团的数量达到了 20 万个。经过政府的重新登记和清理,这一数字有所减少。

经过近 20 年的发展,截至 2021 年 1 月 25 日 11 时,全国共有 901351 个社会组织数据登记入库。中国社会组织总数超过 90 万个,其中,2292 个是民政部登记的。

---

① 赵黎青.联合国对非政府组织的界定[J].学会,2009(3):3-4.
② 郁建兴,吴宇.中国民间组织的兴起与国家—社会关系理论的转型[J].人文杂志,2003(4):142-148.

从分布区域来看,江苏、广东、浙江三省的社会组织数量位居前三位,但都没有超过 10 万个。2021 年,民政部数据显示,各省份的社会组织发展不平衡。目前,仅有 12 个省份的社会组织数量超过 3 万个。其中,江苏社会组织总数超过 9.8 个,超过全国总数的 10%。

据估算,20 年前,我国农村地区的非政府组织数量就已经达到 300 万个,占全国非政府组织总数的 2/3 以上。近年来,随着乡村振兴的推进,社会组织更是呈蓬勃发展的态势。党的十八大以来,我国农村在产业、生态、文化、治理和生活水平等方面稳步发展。在这一进程中,企业和社会组织发挥了独特作用。参与乡村振兴的社会组织在创新、扎根基层、提升乡村组织化和主体性等方面具有得天独厚的优势,因而这些年来发展十分迅速。

学界对社会组织的划分大体从两个维度考虑:一是工具性分类,二是价值性分类。① 在工具性分类方面,学者主要从社会组织的属性出发,如组织目标、活动区域、活动范围、受益群体、社会功能及活动性质等。例如,萨拉蒙依据活动领域、活动范围等多维标准,将社会组织划分为 12 种,分别为文化娱乐、教育研究、卫生保健、社会服务、环境、发展和住宅、法律政治、慈善中介和志愿促进、国际、宗教、商业和职业协会、其他组织。② 俞可平从组织的性质和职能出发对农村社会组织进行了划分,他以东升村的社会组织为例,将其分为权力组织、服务组织、附属组织等。王名根据社会组织的社会功能差异,将社会组织划分为动员资源型、公益服务型、社会协调型和政策倡导型。③

在价值性分类方面,学界普遍认为社会组织的分类与社会组织的自身特征、政府偏好或价值取向有密切关系。据此,康晓光、韩恒将社会组织分为四大类八小类,分别为功能性组织、社区组织、宗教组织、非正式组织,根据集体行动能力和提供公共产品能力的差异,政府对不同的社会组织的控制策略有所区别。按照功能划分,可分为三类:普遍服务功能、非普遍功能

① 李健,荣幸,孙莹."以人为中心"的社会组织分类支持体系重构[J].中国行政管理,2021(2):47-52.

② Salamon L M, Anheier H K. In search of the non-profit sector Ⅱ:The problem of classification[J]. Voluntas:International Journal of Voluntary and Nonprofit Organizations, 1992.

③ 王名.非营利组织的社会功能及其分类[J].学术月刊,2006,38(9):8-11.

和技术服务功能。①

农村社会组织的生长有其特殊性,主要体现在与政府的关系上。因此,参照价值性分类标准,从农村社会组织与政府和社会的关系着手,农村社会组织可划分为三大类:政府主导型农村社会组织、社会主导型农村社会组织、介于二者之间的政府—社会主导型农村社会组织。

政府主导型农村社会组织,是由政府牵头,发动民间力量,自上而下成立的农村社会组织,其按照国家规划统一安排。社会主导型农村社会组织,指扎根农村社会,自我成长、自我组织起来的农民组织。政府—社会主导型农村社会组织,以各种农村经济合作组织为典型代表,其产生的目的是避免市场经济与以分户经营为特征的小农经济之间的矛盾,致力于农村经济的发展和公共服务的提供。

上述三种划分,类似于理想型。农村社会组织在实际运行中,与政府之间的关系错综复杂。尤其在农村养老服务建设中,这三类农村社会组织均有不同程度的介入,甚至会交织在一起。考虑到农村养老服务供给的复杂性,本书以社会组织为主体,以政府与社会组织关系的互补程度为依据,按照社会组织参与养老服务的不同方式,将其分为自组织型、服务型、支持型、合作社型等四类。

自组织型养老组织,是指同一生产、生活单元的基于共同需求和利益的农民在组织内部互相提供相应养老服务的组织。其产生源于村庄本身,组织的运作大都依靠村庄固有资源,仅在服务过程中以制度和少量的资源作为保障。组织的成立与政府没有直接关系,是利用非政府资源自发产生的,组织具有充分的自主性和独立决策权。

服务型养老组织,是指为农村老年人提供床位、生活照料等服务的非营利性养老机构,既包括民办公助的养老院、敬老院等,也包括嵌入农村社区的微型养老机构。这类组织一般能为农村老年人提供较为专业的看护服务,可以实现长期托养。

支持型养老组织,是在政府的支持下成立的,与政府共同承担运营过程中所需的人、财、物。它们与政府关系密切,或本身就是由政府牵头成立的农村社会组织。例如村党支部、村委会等,它们是以自身为载体,为老年人

---

① 陈天祥,应优优.甄别性吸纳:中国国家与社会关系的新常态[J].中山大学学报(社会科学版),2018,58(2):178-186.

提供生活照料和服务的社会化养老组织。

合作社型养老组织,指通过土地流转等方式为入社老年人提供生活照料、医疗保健、休闲娱乐等养老服务,或为拥有正常劳动力的老年人提供参与集体劳动的机会,增强老年人自我养老能力的组织。

由于受文化、政治等方面的影响,中国农村社会组织以血缘等要素为纽带,具有自愿、注重公益等特征。中国传统乡村是以家庭为核心,具有血缘或亲缘关系的群体组成的熟人社会。"生于斯,长于斯"易于形成相同的生活习惯和文化风俗,农村社会组织的血缘性、地缘性特征使人们相互信任。在"差序格局"的社会中,人们之间的信任程度依据血缘、地缘而变化,按照血缘亲疏而定。农村社会组织由熟人群体构成,易于取得信任,减少交易成本,达成一致行动。

二、社会资本:农村养老服务的分析范式

(一)社会资本概述

在城市化进程的推动下,大量农村青壮年涌入城市寻找工作机会,乡村逐步凋零,留守老人的晚年生活很容易陷入困境。妥善解决农村养老问题,为农民提供有效的养老保障,是维护乡村社会稳定、实现乡村振兴的必经之路。

自从法国学者布尔迪厄提出"社会资本"的概念以来,社会资本开始普遍用于对社会经济现象的分析中。本书从社会资本理论着手,考察了我国农村养老服务的供给与需求情况,分析了社会资本在农村养老服务中的作用,探讨如何培育和发展农村社会资本,构建农村多元化养老模式,实现老有所养。

1.社会资本的含义

布尔迪厄将社会资本定义为"实际的或潜在的资源的集合,这些资源与由相互默认或承认的关系所组成的持久的网络有关,而且这些关系或多或少是制度化的"。布尔迪厄认为社会资本由社会关系网络和社会资源构成,[①]尽管其分析侧重于经济资本、文化资本和符号资本的相互转化,但也强调了人与人之间的关系网络。在他看来,社会资本是个体层面意义上个

---

① 布尔迪厄.文化资本与社会炼金术:布尔迪厄访谈录[M].包亚明,译.上海:上海人民出版社,1997.

人拥有的资源。

科尔曼指出集体行动的失败源自成员间缺乏信任和信息沟通,成员间的相互信任以及相互联系的参与网络是达成集体行动的必要条件。帕特南用社会资本理论去分析社团之间的信任和互惠的规范,认为社会资本信任、规范和网络是社会资本的三个重要特征,社会资本能促进集体合作、提高社会效率。在一个继承了大量社会资本的共同体内,互惠的规范和公民广泛参与的网络有助于志愿组织的出现。[①] 他将对社会资本的界定上升到社会集体层面,将之等同于社区中的公民精神。因此,社会资本是一种公共物品,不能由私人部门提供。

2. 中国农村的社会资本

在中国,社会资本有其特定的含义,这与中国独特的社会结构和社会关系网络有关。中国农村的社会资本究竟是什么? 社会资本与社会组织介入养老有何关联? 社会资本对农村养老发挥着怎样的作用? 这些是本书要讨论的问题。

社会资本虽然源自西方,但其所强调的公民之间的互惠关系、非正式的参与网络以及参与中的规范,包括信任、情感、社会关系、家庭关系、公共精神等,这些在中国社会早已有之。福山运用社会资本和信任概念,对东西方文化进行了深入的比较,解释了社会资本对东亚国家的影响。[②] 林南将社会资本和社会网络理论结合,使人能更清晰地认识到社会资本在社会网络中的作用。

然而,已有研究用社会资本对中国社会现象进行分析时,忽视了村庄既有资源的影响,也没有从个体需求的角度来讨论。虽然金耀基、杜维明、黄光国等学者曾试图将关系、社会资本与儒家学说相结合,但大多限于理论层面,需要通过经验研究来检验。

基于此,在对社会资本理论进行回顾时,本书结合中国乡村社会结构和社会治理的实际情况,以儒家传统理论为基础,用社会资本理论来解释农村社会中的养老服务。

早在 20 世纪 40 年代,费孝通教授就指出,中国社会关系是按"差序格

---

① 帕特南. 使民主运转起来[M]. 王列,赖海榕,译. 南昌:江西人民出版社,2001.

② 福山. 信任:社会美德与创造经济繁荣[M]. 彭志华,译. 海口:海南出版社,2001.

局"形成的。① 中国人的人际交往模式即是如此,以自己为中心,按照与他人的亲疏关系分为几个同心圆,最核心的小家庭和交往最密切的位于圆圈中心。

在中国农村社会中,社会关系网络是由血缘、地缘和业缘共同形成的,成为农民获取资源的重要途径。换言之,在中国农村,由于人员流动性较小,其历史传统、文化习俗与生活习惯相近,农民在长期交往中很容易形成基于血缘和地缘的相互信任、互惠互利的社会关系,并由此形成乡村社会关系网络,构成了中国农村最重要的社会资本。

农民通过血缘关系,获得亲人的认可,这是农村首要的社会资本;通过地缘关系,扩大社会交往,获得更多的社会资源;通过与同学、同事的交往,进一步拓宽社会关系网,形成业缘性社会资本,这是中国老一代农民获得社会资本最重要的三条途径。因此,农民一般对所处村庄具有强烈的认同感和归属感,而农村散布的各种资源,也根据血缘、地缘、业缘编织的社会关系网络,进行配置流动。

(二)社会资本与农村养老服务的逻辑关系

受传统孝文化影响,家庭养老是中国农村最主要的养老方式。在这种养老模式中,老年人的各种支出基本由子女负担。城市化的发展彻底改变了传统的农村家庭结构,小型化、少子化、多样化的城市家庭特征,使得传统的农村家庭养老模式面临困境。部分农村老年人不但要解决自我养老问题,还承担了照顾第三代的责任。在这种情况下,社会资本和养老服务的逻辑关系从以下几个方面显现出来。

1.血缘性文化资本

孝文化是中国传统文化中不可或缺且独具特色的重要组成部分。中国是一个伦理本位的社会,家庭在社会结构中具有重要地位,中国是"家庭制度的坚强堡垒,社会单元是家庭而不是个人"②。传统社会中主要表现为家庭—家族—宗族,孝是基于家庭之上的,以血亲为基础,具有差等性、无偿性、延伸性,是农村首要的社会资本。

---

① 差序格局即"以己为中心,像石子一般投入水中,和别人所联成的社会关系,不像团体中的分子一般,大家立在一个平面上的,而是像水的波纹一般,一圈圈推出去,愈推愈远,也愈推愈薄",参见:费孝通.乡土中国[M].北京:北京出版社,2011.

② 费正清.美国和中国[M].张理京,译.北京:世界知识出版社,2000.

家庭伦理道德受到孝文化的约束,敬老爱幼、孝顺长辈是人们行动的准则。孝是促进家庭和睦、保持社会稳定的润滑剂。孝亲敬长的儒家文化对子女赡养父母、孝顺长辈形成规范和制约。特别是在农村,敬老尽孝的思想已成为国民性格的重要组成部分。虽然在现代转型时期,传统的孝道观念受到了冲击,但几千年来形成的敬老尽孝思想已融入农民的血液,形成了他们独特的价值观和不变的精神品质。

事实上,正是受孝亲敬长的儒家文化影响,子女为父母养老送终的观念在中国社会,尤其在农村社会中占据主流。调查显示,在今天的农村,大部分老年人仍坚持家庭养老。他们坚持认为没有后代的老年人,或者是子女不孝顺的老年人,才会去养老院,正常情况下都是依靠子女来养老送终。如果有子女还去养老院,不仅子女会招致其他村民的谴责,对老年人来说,也是件丢脸的事情。因此,"不孝有三、无后为大"的观念,依然在农村老年人的思想中存在。

在这种血缘性文化资本的支撑下,家庭养老仍是农村养老的主要模式。当其与其他社会资本相互连接、相互配合时,就能在农村养老的实践中发挥重要作用,改善农村老年人的养老状况。

2.地缘性组织资本

在中国农村的社会结构中,血缘和地缘是密切交织的。虽然在传统社会中,与血缘相比,地缘处于劣势,但伴随着长期的社会交往、婚配等血缘与地缘交织的行为,以及宗族关系的逐渐式微,地缘开始显现它的作用与价值。

地缘扩大了人们的人际交往,增加了乡村可以利用的社会资源。长期聚集而居,乡土社会中老年人对亲属、邻里有着天然的亲切感和信任感。在家族、亲属、邻里基于地缘形成的关系网络中,彼此信任,拥有共同的互惠规范,成为农村社会资本的重要组成要素,可称为地缘性组织资本。在农村,地缘性组织资本很难同血缘性文化资本相分离,因为农村成员之间往往有血亲、姻亲关系。

这种血缘、地缘关系的聚合会带来成员间的熟悉与信任,在此基础上形成的各种社会组织弥补了农村资源先天不足的缺陷,组织各类公益或文化活动,开展养老服务,拓宽了农村老年人的活动范围。

在农村,青壮年外出务工后,邻里的密切交往和相互帮助,有利于融洽农村社会关系,增加农村社会资本存量。青壮年外出后,村庄越发冷清,老年人与邻居交往最为便利,在彼此相互帮助之间,邻里关系变得更加亲密,地缘性组织资本不断增加。血缘和地缘交织在一起的关系网络给农村老年人提供了参与社会公共生活的平台,成为很多农村老年人获得关爱和心理慰藉,进行文化娱乐的主要场所,是血缘纽带和地域结构的有机结合。

近年来,农村中出现的老龄会、器乐队等就是这种社会资本集聚的产物,通过开展文娱活动,丰富了老年人的晚年生活。村级的敬老院、幸福之家也会为本村老年人提供基本的生活照料等养老服务,填补家庭养老的不足。

这些社会组织的出现,一方面,缓解了老年人精神上的孤寂感;另一方面,为他们争取到更多话语权,增加了他们在公共生活中的分量。此外,有的老年人在条件允许的情况下,积极参与乡村公共事务,为乡村做出贡献。例如:老年人组成治安小分队,防范盗窃行为;组成调解组,解决邻里纠纷;组成器乐队,丰富文化生活,部分器乐队甚至通过帮助邻里操办红白喜事,获得少量收入。

在地缘性组织资本的影响下,有更多的社会组织加入农村养老服务供给行列,拓宽了养老服务范围,增进了农村社会的互惠合作,从而提升了农村养老服务供给的质量和水平。

3.业缘性制度资本

社会资本作为一种特殊的资本表现形式,存在于特定的社会关系网络中。农村的社会关系主要分为血缘、地缘、业缘关系。业缘是以职业、行业为纽带的个体与所处团体或组织的联系。这种联系是嵌入在一定的制度范围并可被行动者利用的资本。康奈尔大学教授克里希娜将社会资本分为制度资本和关系性社会资本,其中,制度资本与促进互利集体行动开展的结构要素有关,例如规则、程序和组织等。①

农村中的业缘性制度资本包括:农村中村规民约等非正式的制度;社会已经形成的,或由国家法律法规或其他权威文件正式颁布的规定。伴随着中国传统乡村社会向现代社会转变,乡村的血缘性、地缘性逐步弱化,以村规民约为代表的制度性社会资本逐渐增强。

现代意义上的村规民约是村民根据有关法律、法规、政策,结合本村实

---

① 达斯古普特,撒拉格尔丁.社会资本——一个多角度的观点[M].张慧东,姚莉,刘伦,等,译.北京:中国人民大学出版社,2005.

际制定的综合性法规。在村级治理中,村规民约的制度性承诺,让村民在日益碎片化的社区中获得可以依赖的客观依据,从而增加了村民之间合作和信任的可能性。这种信任超越了基于血缘社区、关系和人际关系的信任,实现了村级治理的普遍信任,并嵌入村民的生活中,形成共同的规范、规则、信任和统一行动。

例如在对农村鳏寡孤独老人的抚恤上,1994年发布的《农村五保供养工作条例》,是我国第一部关于五保供养的法规,与1997年发布的《农村敬老院暂行管理办法》一起,对五保供养的对象、内容、形式、机构房屋设施等方面进行了较为详细的说明。修订后的《农村五保供养工作条例》(2006年)在审批和管理方面对农村养老机构建设提出了新要求。这些规章制度明确了基层政府部门的职责,并将"五保户"的赡养纳入村集体的建设中,影响了村庄中个体和集体的行为,规范了村庄对"五保户"的赡养。作为嵌入在社区治理网络中的业缘性制度资本,其促进了村庄成员合作以及提升了村级治理绩效。

建立在村规民约基础上的非正式制度和正式制度规章形成的业缘性制度资本,拓宽了农村老年人养老的社会支持范围,将其从家庭延伸到社区、政府、社会,成为农村养老服务的重要补充。

(三)社会资本在农村养老服务供给中的作用

1. 增强代际信任,强化家庭养老的基石

虽然我国正处于快速城市化时期,但"养儿防老"的传统思想仍占据上风,依靠血缘、地缘、业缘关系的社会资本,在农村占据主导地位。

在中国人传统观念中,子女在赡养自己父母方面有义不容辞的责任。"孝"是下一代对上一代都要给以反馈的模式,[1]在这种模式下,父母抚育子女,子女赡养父母,是中国社会一直以来的基本伦理规范。乌鸦反哺、羔羊跪乳、彩衣娱亲等故事一直在中国传统社会中流传,最终根植于中国人的血脉之中。子女信任父母、父母将自己的一切给予子女,这种信任关系依据"差序格局"的形式逐步扩展开来。信任是人际交往的前提,是保障社会秩序有效运转的条件。"信任的作用就像一种润滑剂,它使一个群体或组织的运作更有效。"[2]缘于血亲的信任,来自子女的赡养,能让老年人感到安心,

---

① 费孝通. 江村经济[M]. 南京:江苏人民出版社,1986.

② 福山. 信任:社会美德与创造经济繁荣[M]. 彭志华,译. 海口:海南出版社,2001.

有效维系亲情,降低成员间沟通成本,也有利于夯实农村家庭养老的社会基础。

2.加强老年人的互帮互惠,培育农村互助养老模式

乡村的社会交往是以某种共同的道德、信仰或价值观为基础,以个体与个体、个体与群体、群体与群体之间的情感维系和交流互利为特征的联系。在此之上,形成了一种亲密的社会关系,通过互惠机制从而达到了一种非正式的约束手段。① 毫无疑问,社会资本作为一种互惠互利机制,可以促进社区成员的认同和共识。老年人通过参加社会活动,实现良性的社会互动,增强对村庄的认同感和归属感,同时也拉近了彼此间的信任关系,促进了邻里间的和谐关系发展,有助于农村互助养老模式的形成。

3.促进老年人经济独立,催生多种养老模式

在相当长的时间内,养老被视为家庭的责任,只有当家庭无力赡养老人时,才会寻求政府或社会的帮助。农民养老没有被纳入政府的保障体系,农村"五保户"的基本生活也主要来自村集体的供给,但受益者仅是农村的孤寡老人。新型农村社会养老保险实施后,农民被纳入了国家福利体系,农村社会保障制度有了巨大变化,60岁及以上老年人可按月领取基础养老金,虽然金额较少,但在一定程度上增加了老年人的经济收入,部分缓解了老年人的生活压力。在沿海等经济发达地区,通过土地流转等多种方式,以地养老,很多老年人获得了较为稳定的收入来源,有了选择不同养老方式的自由,催生了不同类型的养老模式。

三、社会组织参与农村养老服务的衍生逻辑

近年来我国社会组织发展迅速,但仍有诸多内外部因素阻碍其发展,如内部组织制度不健全、筹资渠道单一等,外部的制度环境不健全、公信度较低、行业监管制度不规范等。就农村养老服务而言,由于政府、社会组织等养老服务供给主体各自行动,农村养老服务资源难以有效聚合。受此影响,社会组织在农村养老服务领域的优势尚未得到有效彰显。

城市急速发展,留守"空巢"成为农村老年人的生活常态。城乡分离的家庭模式,严重削弱了家庭养老功能,给农村养老服务带来极大冲击。在当

---

① 吴开松.社会资本与民族地区农村社会管理创新[J].华中师范大学学报(人文社会科学版),2012,51(2):15-22.

前的农村,"新农保"制度虽然在很大程度上解决了农村老年人的基本生存问题,仍无法满足老年人对生活照料和精神慰藉的需求。在资源稀缺的情况下,如何撬动外部资源,合理配置内部资源,从而实现"老有所养、老有所依、老有所乐、老有所安",是农村养老服务面临的难题。

(一)分析框架

1. 农村养老服务供给主体与养老服务模式

近年来,学界对农村养老服务模式进行了持续而深入的探讨。

(1)传统家庭养老模式。在当下的社会,中国式养老还是应以"家"为基础,"家"是养老服务最重要的承担者。无论从家庭养老模式的历史和现状来看,还是从文化传承的角度来看,家庭养老都符合当前社会的实际情况。[①] 有学者通过对城乡老年人"养儿防老"意愿的调查指出,在农村社会中家庭养老具有浓厚的社会基础,农村老年人支持和肯定"养儿防老"的理念。[②]

现代化进程中的人口流动给传统的家庭养老模式带来极大的冲击,养老模式也从家庭成员经济供养、生活照料,转为老年人的经济自给[③]模式。要解决老龄化带来的社会问题,还应从政策制定着手,让老年人通过经济生产、志愿服务和终身学习等方式积极应对老龄化,实现社会价值和自我价值。[④]

(2)政府或市场养老模式。由于传统的家庭养老随着家庭结构的变化而发生了变化,因此需要通过制度安排来解决农村养老问题。较为有效的办法是为农村高龄老人,失能、失智老人建立各种养老机构,以满足他们的养老需求。[⑤] 养老资源的主要供给人应该是国家,养老资源的提供应该通过加强基础设施建设,为社区活动提供资金来实现。[⑥]

国家应从政策原则理念、政策目标对象、政策内容框架、政策运行机制

---

① 姚远.中国家庭养老研究[M].北京:中国人口出版社,2001.

② 于长永.农民对"养儿防老"观念的态度的影响因素分析——基于全国10个省份1000余位农民的调查数据[J].中国农村观察,2011,32(3):69-79.

③ 陈芳,方长春.家庭养老功能的弱化与出路:欠发达地区农村养老模式研究[J].人口与发展,2014,20(1):99-106.

④ 杜鹏,王菲."老有所为"在中国的发展:政策变迁和框架构建[J].人口与发展,2011,17(6):34-38.

⑤ 穆光宗.我国机构养老发展的困境与对策[J].华中师范大学学报(人文社会科学版),2012,51(2):31-38.

⑥ 刘妮娜.欠发达地区农村互助型社会养老服务的发展[J].人口与经济,2017,38(1):54-62.

等方面重构更加公平、有效、可持续的中国家庭养老公共政策体系。① 注重特殊家庭与普通家庭发展平衡,养老资源供给与配置均衡,多元主体协同均衡等来强化家庭养老功能,完善家庭养老策略,提升老年人居家养老品质。

此外,国家应加大对农村养老服务的投入。"新农保"解决了农村老年人的基本生活保障,延缓了农村养老服务供给不足带来的危机。② 随着老年人口的增加,仅靠国家单方面投入,不能满足农村养老的需要,因此必须建立多主体合作的农村养老保障体系。

(3)互助养老模式。破解农村传统家庭养老功能弱化难题的关键,是建立低收入和年轻化群体的自我保障体系。在此意义上,互助养老是一个不错的选择。③ "时间银行"作为互助养老新模式的代表,通过时间换时间、时间换服务的方式,鼓励人们参与互助养老服务。④

从供给侧来看,有学者认为,养老服务供给主体需要覆盖家庭成员和"泛家庭成员",形成"以家庭成员为中心,泛家庭成员为副中心"的农村互助养老体系。⑤ 农村互助养老适应面广,能有效弥补物质和精神慰藉不足而带来的农村养老服务供给问题。农村互助养老,作为国家、市场之外的"第三种"福利制度形态,与以国家为主导的养老保障制度共同解决老年人的养老问题。⑥

现有研究围绕养老服务供给和养老服务模式,对农村养老问题进行了深入探讨,并提出了许多解决方案,但仍存在不足之处。

第一,将养老问题等同于资源配置问题。现有研究认为,大多数农村养老问题只要有足够的财政支持就可以解决,忽视了老年人在精神和心理方

---

① 李连友,李磊,邓依伊.中国家庭养老公共政策的重构——基于家庭养老功能变迁与发展的视角[J].2019,10(10):112-119.

② 张川川,陈斌开."社会养老"能否替代"家庭养老"?——来自中国新型农村社会养老保险的证据[J].经济研究,2014,49(11):102-115.

③ 李海舰,李文杰,李然.中国未来养老模式研究——基于时间银行的拓展路径[J].管理世界,2020,36(3):76-90.

④ 钱夙伟."时间银行"开启互助养老新模式[N].中国妇女报,2017-12-26(A03).

⑤ 朱火云,丁煜.农村互助养老的合作生产困境与路径优化——以X市幸福院为例[J].南京农业大学学报(社会科学版),2021,21(2):62-72.

⑥ 高和荣,张爱敏.中国传统民间互助养老形式及其时代价值——基于闽南地区的调查[J].山东社会科学,2014(4):42-46.

面的需求,尤其是来自亲人的情感慰藉,难免会产生负面作用。①

第二,忽略了对村庄既有社会资本的调动。既有研究过分依赖外部资源输入,没有就如何调动村庄既有资源来解决农民养老问题,展开深入研究,忽视了村庄社会实际上存在着依靠内部力量,部分满足养老需求的可能性。

第三,政府、市场、社会和个人在养老服务中的定位不准确。既有研究对传统养老模式进行了深入的分析,但在养老服务供给上却疏于深挖。养老服务体系中市场、政府和社会等治理主体的功能定位不明确,忽视了市场和社会的潜在作用。

2. 养老服务领域社会组织与社会资本研究

帕特南认为,社会资本是"信任、规范和网络,可以促进合作和共同行动来提高社会效率"②。从这个意义上来看,社会资本能促使人们达成一致目标,提高社会效率。作为新的研究视角,社会资本能增强农村养老服务提供者的行动能力。③

从国内外学者的相关研究来看,关于社会组织参与养老服务的研究较少,虽然有学者运用林南的社会资本理论模型,描述了草根养老组织中社会资本建构的行动逻辑,④但没有讨论社会资本如何帮助社会组织获得养老资源,开展养老服务,提升养老绩效。

3. 分析框架

现有的农村养老服务面临着巨大的压力,迫切需要各方力量的参与。那么,社会组织参与农村养老服务的内在逻辑是什么? 如何整合政府的有形资源和广泛的社会力量,发挥更大的效能?

就发达国家走过的历程来看,养老模式大致有两种:一种是由政府主导的单一模式。这种模式的优点是高福利和高覆盖率;缺点是政府财政支出的压力大,人民容易依赖政府。人们往往不愿改变高福利状况,政府的沉重

① 刘一伟.互补还是替代:"社会养老"与"家庭养老"——基于城乡差异的分析视角[J].公共管理学报,2016,13(4):77-88,156.

② 帕特南.使民主运转起来[M].王列,赖海榕,译.南昌:江西人民出版社,2001.

③ 陈哲.从"互助"到"共赢":打破农村互助养老模式的限制——基于社会资本的视角[J].生产力研究,2021(6):77-83.

④ 张旭升,牟来娣.政府购买背景下草根养老组织社会资本建构的行动逻辑——以 M 市 Y 区 S 组织为例[J].社会发展研究,2017,4(1):94-110,243-244.

负担导致发展活力受到破坏。另一种是多元化模式,其特点是个人合理负担与社会多方自愿参与相结合,引入市场机制,支持企业进入养老服务领域,形成多元化的保障体系。这种模式既能满足人民日益增长的个性化养老需求,又能减少人民对政府的依赖,有助于增强国家发展的动力和培育良好的社会风尚。

多元化养老服务的核心内容是家庭、政府、社会和企业的多元合作参与。从"元治理"理论[①]看,可以突出政府的主导作用,平衡政府、市场、社会的关系,提高养老服务供给质量,扩大养老服务的有效供给范围,实现中国养老服务供给侧结构性改革,满足人们对养老服务的多方位、多层次需求。

因此,本书在前人研究的基础上,将农村社会资本分为血缘性文化资本、地缘性组织资本和业缘性制度资本,重点研究农村社会资本在推进社会组织参与农村养老服务实践中的作用。本书提出,应在政府引领下,调动社会组织积极性,进行供给侧结构性改革,利用村庄既有的社会资本将农民组织起来,在组织内部为农民提供相应的养老服务。

(二)社会组织与农村养老服务的耦合

目前农村养老服务资源分散,未实现有效整合,社会组织参与农村养老服务的优势没有显现出来。按照帕特南的观点,社会资本的核心要素包括网络、信任、合作、支持和制度规范,具有获取资源、增强能力和提升组织绩效等功能。这些正是社会组织生存和发展所需的核心竞争力。因此,在养老服务领域,社会资本和社会组织是相互契合的。社会资本理论也为探索社会组织参与养老服务供给提供了新的研究视角和解决思路。

(三)社会资本参与农村养老服务的内在理路

1.空心化导致的家庭养老功能弱化是社会组织参与养老服务的外部条件

中国农村经历了土地改革、集体化、城市化带来的冲击等一系列变革,发生了显著变化,主要表现为人员流动性增强、社会结构分化,以及家庭小型化和空巢化等趋势。

---

① 元治理的概念最早是由英国政治学家鲍勃·杰索普提出的,在保留了治理理论的框架基础上,对市场、国家、民间社会的治理进行重新组合。治理理论提出去中心化、去政府化和多中心多元主义,而元治理强调集权的协作能力,各治理主体之间最好达到平衡。因此,政府要在治理体系中发挥主体的作用,发挥中轴线的作用。政府是领航员,与社会组织、市场建立合作关系。

在传统中国社会,子女是中国农村家庭养老服务的主要供给者。传统社会的"大家庭"里,较多数量的子女能为老年人提供生活保障,以及精神、心理上的慰藉。随着计划生育政策实施和生育观念的改变,农村家庭的子女数已大为减少,加上年轻人外出务工、求学等,传统家庭养老方式难以为继。

此外,在传统社会中,子女婚后与父母共同生活,子女为老年人提供经济支持和精神保障,使家庭养老成为可能。在现代社会,子女结婚后常选择与父母分开生活。空巢家庭是老龄化社会的必然结果。

家庭结构的变化对传统的家庭养老模式提出了挑战。当缺乏传统养老方式的主要提供者时,需要组织来填补这一空白。但由于种种原因,长期以来政府在农村养老服务方面存在不足,因此需要另外一个主体来发挥作用。社会组织由于自身的特点,可以弥补公共服务供给的不足。老年人参与村庄互助,也可以为老年生活带来基本保障。

2. 农村社会资本的特殊性是社会组织参与养老服务的内在动因

中国农村的社会关系结构是建立在"差序格局"基础上的,以血缘和地缘为纽带的农村社会关系网络构成了村庄自组织的基础。这种乡村社会的内生秩序,容易维护乡村社会的稳定,填补乡村治理的空白。

首先,在中国传统社会中,农村的社会关系以小家庭为基础,以家族网络为支撑,辐射同血亲的宗族,进而推及同村、同乡。中国人可以利用的社会资本,实际上是血缘、地缘关系的集合。特别是中国农村处于相对封闭的状态,人们的交流更多地依赖于这些有限的关系网。

其次,以血缘、地缘联系在一起的社会网络是对农村社会资源的重新配置。由于农村社会资源匮乏,血缘和地缘关系的存在较为普遍。农村地区的社会组织成员之间或多或少有一定的血缘、地缘关系。只有这样的组织才容易建立和开展活动。农村社会组织对基于血缘、地缘的社会资本(关系)的应用是广泛的,不局限于农村地区,而是以血缘、地缘为纽带,根据关系的远近来传递。血缘、地缘关系形成的网络可能覆盖社会的各个领域,跨越阶级,本质上是社会资源的重新配置。

最后,丰富的社会资本提供了互助、互惠的养老途径。由于我国农村亲族聚集的人口分布特点,基于共同利益的保护、支持和联合要求,必然会在同一宗族的人群中自发产生,促使人们加强联系,降低交易成本,促进合作。在相当多的农村地区,以血缘为纽带的亲属联系并没有消失。相反,由于农村家庭结构的变化,当家庭无力赡养老年人时,亲属会承担一部分养老责任,为老年人提供一定帮助。

农村青壮年外出务工后,基于血缘和地缘关系形成的各种社会组织和民间组织,弥补了农村资源先天不足的缺陷,成为许多农村老年人获得社会关怀、日常娱乐的主要场所。老年人在参与时获得认可,相互支持和频繁交流有助于社交互动的实现。村庄社会关系网络将个人与村庄养老结合起来,成为村庄养老保障体系的补充。

3. 农村养老公共品的匮乏是社会组织参与养老服务的外在根源

我国农村养老资源贫乏,市场化程度低。单纯依靠市场来提供养老服务,既不能满足市场逐利的特性,也难以实现养老资源的优化配置和社会公平。因此,就农村公共产品的供给而言,很容易出现供给不足的情况,这就为社会组织参与乡村治理提供了空间,促使农民自发组织起来,解决村庄的问题,弥补政府的不足。这种乡村治理的空间构成了乡村社会组织产生和参与乡村治理的政治环境。

此外,年龄、经济收入、爱好等因素也促成了农村人群的分化。这种分化使农民自觉或不自觉地形成某种更为松散的关系群体。这些关系群体可以是基于共同利益的组织,也可以是寻求保护的老年人弱势群体的组合等。在农村养老公共资源极度匮乏的情况下,这些自发的社会组织与群体承担了农村养老的任务。

笔者调查的村庄中几乎都有老龄会,其最初目的是为村里 60 岁及以上的老年人提供一个娱乐活动场所,丰富晚年生活,随后慢慢发展为老年人自己的组织,维护老年人的合法权益,并由此扩展到其他公共领域。例如,老龄会牵头修路,方便村民出行;为了维护公众健康,社会组织带领老年人清理自家院落和打扫公共卫生。事实上,这些都属于公共服务的范畴。在政府公共产品供给不足的情况下,社会组织将伦理道德规范与组织目标相结合,形成村庄成员可以接受的社会资本,以分散和多元化的方式提供公共物品。

4. 多元主体力量的成长为社会组织参与养老服务提供了坚实基础

改革开放以来,中国社会结构发生了巨大的变化,社会主体的多元化带来了利益相同或相近的社会成员。

多元主体力量加入农村养老服务供给行列,从经济实力到行动能力等多方面影响了村庄的发展。这些民间力量的发展壮大为农村养老服务提供了坚实的基础,推动着农村养老服务的发展进程。例如,村委会、共青团、妇联等组织虽然并不承担养老功能,但在日常活动中与农村养老相联系,引导村民参与养老事务。共青团、妇联通过开展爱老、敬老活动,定期为农村老年人打扫卫生、理发等;文化性社会组织通过动员农村老年人参加文化演出,扩大了农村老年人的社会网络,丰富了他们的晚年生活;合作社等经济合作组织为老年人提供经济援助。

第三章　农村养老服务
供给的历史嬗变

受儒家文化的影响,我国一直以家庭养老为主,子女承担赡养义务,提供日常照料。新中国成立以来,我国农村养老服务供给体系逐渐建立,历经了农村五保供养制度、弱势老年人保障服务、"新农保"等阶段。然而,受历史、经济、社会等诸多因素制约,农村养老服务在内容、质量、专业化程度等方面明显滞后于城市,尤其随着农村老龄化程度的加深和家庭结构的根本性变化,传统家庭养老模式难以为继,农村养老服务的供给面临较大挑战。

本章在梳理我国农村养老服务供给历史变迁的基础上,分析了传统农村养老服务供给的文化根基和模式,还原新中国成立后农村养老服务供给的历史变化,为当前农村养老服务供给侧结构性改革提供参考。

一、传统农村养老服务供给

中国古代的济孤养老思想源远流长,儒、道、墨均有所提及,其中,儒家的"民本""仁政"和"大同"等思想占据中国社会的正统地位。[①] 儒家思想重视血缘,我国古代养老服务的供给,就是在此基础上,依据家族血缘纽带,仰赖宗族间的互助进行,如血亲捐献的"族田""义田"等。

宗族的养老建立在孝文化基础上,并在"礼"的层面明确成为人们的道德行为规范,这是宗法族规形成的理论依据。从现代学术眼光来看,传统社

---

① 如,《尚书》中有:"德惟善政,政在养民。"《礼记》则曰:"以保息养万民,一曰慈幼,二曰养老,三曰振穷,四曰恤贫,五曰宽疾,六曰安富。"《孟子》中也说道:"恻隐之心,仁之端也。""制民之产,必使仰足以事父母,俯足以畜妻子,乐岁终身饱,凶年免于死亡。"

会中聚族而居的生活方式,有利于宗族内部互助养老的实现,以"义庄"为代表的宗族组织,保障了宗族内老年人的基本生活,形成了独具特色的宗族养老模式。

(一)孝:宗族养老的文化根基

宗族,中国乡土社会较为普遍的一种社会群体组织,指聚集在共同居住地的父系血亲按儒家伦常建立的社会群体,《尔雅·释亲》中称为"父之党为宗族"①。宗族作为以拥有共同祖先的血亲关系为核心、姻亲关系为补充的人群集合体,在传统社会中承担了政治、经济、宗教、教育等方面比较完整的功能。费孝通称之为"承担生育、政治、经济和宗教等复杂社会功能的事业组织"。

宗族以儒家文化为基础,"孝"是最重要的美德。② 这种建立在血亲基础上的对祖先的崇拜之情,推及社会生活中,逐步演变为对宗族继承人的敬意,并通过日常生活行为表现出来。③ 因此,在传统中国社会,赡养家族中的长辈就成了宗族文化的核心,是敬老养老的重要组成部分。

(二)义庄:宗族养老的互助载体

宗族制度始于西周,《周礼》记载:"异居同财,余归族,缺为族。"在"家国同构"的宗法社会中,赡养一般通过家族互助来进行。宗族抚恤作为一种由血缘关系发展起来的互助抚恤形式,存在如下特征。首先,宗族提供公益服

---

① 宗族必然包含着尊敬先人、长辈之意,如《礼记·大传》以族人对宗子的尊敬作为维系宗族成员与祖先之间关系的桥梁,即"尊祖故敬宗,敬宗,尊祖之义也"。"宗"是宗族制度中"最根本的特征",目的"在于确立男系宗与子孙的传承关系,包括父子世袭及其相关的兄终弟及等形式",宗族中一般为嫡长子继承制,承袭祖先在宗族中的领导地位,率领其他宗族成员进行祭祀活动,并逐步演化成为对宗族内尊长的敬意。参见:程维荣.中国近代宗族制度[M].上海:学林出版社,2008.

② 《尔雅》中说:"善事父母为孝",孔子在《论语》中将"孝"作为伦理道德核心,"君子务本,本立而道生,孝悌也者,其为仁之本与"。"孝"乃孝顺父母,即对生命由来的敬重,也是"天下之人事"。《孝经》中说"孝","始于事亲,中于事君,终于立身","孝悌"本质上是一种尊上敬上文化,是子女对父母的敬仰,也是晚辈在处理与长辈的关系时应该遵守的行为规范。孟子将"孝"文化推及社会生活领域,提出"出入相友,守望相助,疾病相扶持"(《孟子·滕文公上》),"老吾老以及人之老,幼吾幼以及人之幼"(《孟子·梁惠王》)等互助思想。西汉贾谊的《新书》界定为"子爱利亲谓之孝",东汉许慎在《说文解字》中讲"善事父母者,从老省、从子,子承老也",即"孝"是与"善事父母"相吻合的。

③ 高和荣,张爱敏.宗族养老的嵌入性建构[J].吉首大学学报(社会科学版),2019,40(3):154-160.

务最主要的表现为过继,即为宗族内无后的老年人提供过继服务,这实质上是一种宗族内部的互助养老。其次,宗族通过制定族规来约束族人行为。为宗族内贫苦无依靠的老年人提供基本的生活保障,为宗族内的贫困家庭提供丧葬支持。在传统社会里,宗族为农村贫困、孤寡老年人提供福利。最后,宗族还通过购置族田、族产,创办私塾等形式为族人提供公益服务。

宋代义庄是宗族养老的重要方式,①通常是由家族中经济条件好、能力强的人捐出一定的田产、钱帛等,用于恤贫抚孤,以达到使宗族强大的目的。一般来说,义庄包括义田、义学和义宅等三个部分,义田是为赡养宗族贫苦者而购置的族产,以田地上的产出为族人提供赡养;义学为宗族内部子弟提供教育的场所;义宅是为族中鳏、寡、孤、独、废疾者提供衣食住的地方。义庄的主要功能是教化救助,并通过兴办义学,提升家族的文化能力和社会地位。范仲淹于1049年设立的范氏义庄就是典型代表。义庄历经宋、元、明、清四朝,成为为社会成员提供福利保障的主要组织。义庄延续了中国传统社会以血缘为基础的"差序格局"秩序,充分挖掘了家族中的社会资本,以家族福利的方式向长者施以赈济。

除义庄之外,古代农村还开展了诸多互助养老的模式,如明代的"清节堂",就是为年老寡妇提供的去处,避免其流离失所;"太监庙"是民间自发为高龄太监出宫后修建的住宅;"姑婆屋",是广东为"自梳女"设立的居所。

五四运动之后,在现代观念的冲击下,宗族组织逐步瓦解,但宗族间互助的传统却保留下来了。在现代社会中,传统伦理道德仍在人们的日常生活中发挥着重要作用,农村中守望相助、友善乡邻等互助观念依然在延续,并在一定程度上增强了农村老年人抗风险的能力,增加了村庄的社会福利。

---

① 在宋代之前,中国传统社会中就有宗族救助、赡养老人的传统。东汉崔寔《四民月令》记载:"三月,是月也,振赡匮乏,先务九族,自亲者始。"即村庄中出现了老年人集资购地以备养老的实践。汉代民间还出现了自发组织,筹款置地来实现自我保障,现存于河南省偃师商城博物馆的《侍廷里父老僤约束石券》是我国最早的乡里民约,上面记载,"以永平十五年六月中造起僤,敛钱共有六万一千五百,买田八十二亩。僤中其有訾次当给为里父老者,共以容田借与,得收田上毛物谷实自给"。唐朝的"社"作为民间互助养老载体受到政府的鼓励。唐朝的社或社邑,是一种民间经济性互助组织。结社就是把邻近的农户组织起来,为有困难的农民提供一定的保障。唐代的"社"在履行经济职能的同时,还具有宗法职能。"社"的出发点就是"孝",很大程度表现为敬祖尽孝,"家家不失于尊卑,坊巷礼传于孝义",起到了外在强化尊老尽孝的作用。参见:傅晓静.论唐代乡村社会中的社[J].青岛大学师范学院学报,2000(1):21-25.

二、新中国成立以来的农村养老服务供给

新中国成立以来,农村养老服务供给从对农村孤寡老人的救济与供养到农村养老服务体系的建立,经历了四个不同阶段。

(一)家庭和集体承担养老服务(1949—1978年)

新中国成立后,随着宗族社会的解体,宗族间的互助养老模式逐步消失。但尊老敬老的孝文化传统被保留下来了,家庭赡养老人的模式在农村中占据主导地位,丧失劳动力的孤寡老人则由集体照顾。

由于当时社会的人口年龄结构为年轻型,老年人养老并没有成为农村的社会问题。1956年颁布的《高级农业生产合作社示范章程》第十四条规定,对于完全丧失劳动力,历来靠土地收入维持生活的社员,应该用公益金维持他们的生活。此外还规定,对于老、弱、孤、寡、残疾的社员,农业生产合作社要保障他们的生养死葬。这就是农村五保供养制度的开始,并明确指出,照顾孤寡老人是农村集体的责任。囿于当时的经济条件,此时的养老服务仅能为"五保"老人提供最基本的衣食保障。

《1956—1967年全国农业发展纲要》提出,农村集体组织要向生活无依无靠、无劳动能力、无经济来源的孤寡老人和残疾人提供保吃、保穿、保住、保医以及保葬等五个方面的援助,即"五保供养"。此前有过"村供村养""村供亲养""亲供亲养"等分散供养"五保户"的方式,但因远房亲属和邻里间的帮扶大多属于临时帮忙,故后来的"五保户"以集中入住农村敬老院为主。本着"一乡一院"的目标,依托农村集体经济,全国各地都建立了敬老院。截至1958年末,全国敬老院总数超过15万个,收养五保户超过300万人。①

除了农村敬老院建设外,1962年的"农村十六条"规定:农民在年老不能劳动的情况下,也可以通过集体平均分配的方式获得口粮,老年人也可以参加集体分配的轻劳动。文件明确规定,老年人参与集体分配的劳动量少的工作,可以同样记工分、同样领取工分粮,直到完全丧失工作能力为止。这种分配方式,给予了老年人事实上的救助,形成了集体保障。

这一阶段,养老被视为家庭的内部事务,由家庭负责解决。唯有无扶养人的老年人,才能获得五保供养。囿于当时的经济发展水平,农村老年人的养老服务内容少、质量差,处于低水平的救济层面,属于低福利型保障。总

---

① 董红亚.中国政府养老服务发展历程及经验启示[J].人口与发展,2010(5):83-87.

体来看,此时除家庭养老之外,农村养老服务仅限于五保供养,其承担主体是农村公社,国家只在宏观政策上予以引导。

(二)家庭和个人承担养老服务(1978—2000 年)

改革开放之后,随着人民公社体制的解体,农村集体经济开始走下坡路,传统的农村养老服务供给受到冲击。

1.五保供养

在 1994 年发布的《农村五保供养工作条例》规定中,五保供养仍属于农村的集体福利事业,对象是鳏寡孤独、生活无依靠的老年人,有子女的老年人不在此列。五保供养标准以不低于当地村民的一般生活水平为宜。五保供养所需的经费和实物,从村提留或者乡统筹费中列支。这个时期,农村养老服务没有单独列出来,仍属于五保供养,资金同样来源于村提留和乡统筹经费。

在有集体经济的地方,允许从集体经营的收入和集体企业上交的利润中列支农村养老服务开支。沿海地区经济发达,农村公益事业除了村提留外,先富起来的乡镇集体企业也会提供一定的经费支持。广大的中西部地区,村提留、乡统筹几乎是五保供养的唯一经费来源。[①]

1993 年分税制实施后,县、乡级政府普遍出现财政危机,村集体原有的保障作用逐步弱化,所承担的福利保障项目大多被砍掉,五保制度只能勉力维持。农村养老服务因资金筹措困难陷入停滞。

2.农村敬老院

20 世纪 80 年代中后期,我国开始社会福利的社会化改革,原来以政府包办,面向"五保户"的社会福利模式转向社会化,农村敬老院允许社会赞助,开启了敬老院的市场化进程。1997 年出台的《农村敬老院管理暂行办法》第二条规定:"提倡企业、事业单位、社会团体、个人兴办和资助敬老院。"在这场改革中,国家没有直接参与农村养老服务供给,[②]相应的财政责任由企业、事业单位等其承担,但该暂行办法首次提出了农村敬老院可以由个人或组织资助兴建,并允许社会老年人采取自费等方式入院,一定程度上弥补了农村敬老院资金上的不足。

---

① 梁誉,董静.我国农村养老服务制度 70 年的回顾与展望——基于"提供—筹资—规制"的框架分析[J].山东行政学院学报,2021(10):224-230.

② 黄俊辉.农村养老服务供给变迁:70 年回顾与展望[J].中国农业大学学报(社会科学版),2019,36(5):100-110.

　　然而,这一时期的敬老院,仍被视为孤寡老年人的养老去处,有子女的老年人普遍不愿意入住,因而入住者很少。加之当时社会上普遍缺乏捐赠的观念,敬老院很难获得外界的捐助,基础设施配置不齐全、住房条件差的情况难以得到改善。因此,尽管国家层面出台了相应政策,但没有从根源上改变敬老院条件简陋、农村养老服务供给稀缺的局面。

　　这一阶段,中国人口的年龄结构仍为年轻型,国家没有直接介入农村养老服务供给,也没有相应的财政投入。在村集体力量日益式微,各界并不重视养老服务的情况下,农村养老服务社会化的过程举步维艰。不过在政策的推动下,市场和社会化力量开始进入农村养老服务领域。

　　(三)国家养老服务体系构建(2000—2012 年)

　　2000 年,我国 65 岁及以上老年人达到总人口数的 7%,开始进入老龄化社会。同年 8 月,中共中央、国务院颁布了《关于加强老龄工作的决定》,从政策层面提出建立家庭、社区、社会联动的养老机制,即"以家庭养老为基础、社区服务为依托、社会养老为补充"。2006 年在对《农村五保供养工作条例》进行修订以后,国务院明确规定,农村五保供养资金纳入地方人民政府财政预算安排,中央财政对财政困难地区的农村五保供养给予适当资金补助,标志着公共财政开始介入农村养老服务供给。

　　"十一五"期间,国家陆续出台了关于加快发展养老服务业和老龄事业发展的文件,就建立和完善老年人社会福利服务体系,予以明确规划。2012年,《老年人权益保障法》首次在法律中明确提出"养老服务",居家养老作为一种新型养老方式首次出现在国家文件中。政府购买居家养老服务开始在全国多地推行,以浙江、江苏为代表的东部沿海地区率先实行,并将之推及至农村。

　　随着城镇化进程加速,为满足农村留守老年群体在生活照料、医疗护理、精神慰藉等方面的需求,很多地方政府结合当地实际情况,发挥村集体、社区和社会组织的作用,探索出以互助为基础的养老服务供给方式。

　　这一阶段,农村养老服务从集体福利事业转为由国家财政支持,农村养老服务正式从五保对象中抽离出来,农村养老服务供给的对象由鳏寡老人,逐步覆盖到空巢老人等群体。农村养老服务供给的市场化和社会化显著提升,形成"国家、市场、社会"的多元化供给模式。

　　(四)农村养老服务供给侧结构性改革(2012 年至今)

　　随着经济的高速发展、人口的大规模迁徙流动以及老龄化程度的加深,农村留守老人规模迅速扩大,家庭养老模式难以持续,养老服务需求与日俱增。国家的相关农村养老服务政策开始出现转向,针对农村困难老年人、留守老年人的关爱服务意见、通知和规定,以前所未有的节奏争相推出。尤其是党的十八大以后,政府相继出台《关于建立健全经济困难的高龄、失能等老年人补贴制度的通知》《关于加强农村留守老年人关爱服务工作的意见》《关于推进养老服务发展的意见》等政策,着力关注经济困难的高龄老年人、失能老年人、空巢老年人等特殊群体的养老服务问题,向困难、特殊家庭的老年人提供无偿或托养低收费服务。农村敬老院的服务对象从原来的孤寡老年人,拓展为留守、孤寡、独居、贫困、残疾等老年弱势群体,[①]向有需要的人开放。

　　为鼓励社会力量参与其中,2018年新修订的《老年人权益保障法》规定,不再设立养老机构许可制,降低准入门槛;同时还鼓励各地将农村互助幸福院等养老服务设施,交给社会力量运营,并将符合条件的老年人协会,纳入政府购买服务的主体。

　　这一时期,还相继出台了许多探索各种资本进入养老服务领域的政策,如《关于全面放开养老服务市场提升养老服务质量的若干意见》等,就全面放开养老服务市场,提升养老服务质量,引导社会力量和市场资本进入养老服务领域做出了部署。

　　在此背景下,各地不仅加快了农村敬老院建设,政府与市场、社会在养老服务供给中也开始广泛合作,除了公建民营、民营公助外,BOT(建设—经营—转化)模式、BOO(建设—拥有—经营)模式、TOT(移交—经营—移交)模式等新型机制逐步进入地方政府的视野。例如,浙江省就采用公开招标、公建民营等多种模式,针对杭州市的福利院(敬老院)和养老公寓,通过社会参与、市场竞争的方式,推动民间资本进入养老行业,特别是杭州市临平区在引入社会资本进入养老市场方面进行了很多有益的尝试,打造家门口的康养联合体。此外,绍兴、嘉兴、湖州、舟山、丽水等地也积极探索改革公办养老机构体制,实行公建民营,实现了政府与社会资本的合作共赢。

　　这一阶段,养老服务供给中的多主体合作趋势加大,农村养老服务内容也由过去的解决温饱、维持基本生存,转变为涉及生活照料、精神心理的多

---

① 黄俊辉.农村养老服务供给变迁:70年回顾与展望[J].中国农业大学学报(社会科学版),2019,36(5):100-110.

层次服务。养老服务对象从过去的孤寡老年人扩大到留守、孤寡、独居、贫困、残疾等老年弱势群体。

第四章　农村养老服务的
供给困境与改革必要性

改革开放以来,在市场经济的影响下,农村的经济发展、人员结构与思想观念都发生了巨大变化。由于在城市中能获得较高的经济报酬,享受更好的教育、医疗等福利,越来越多的年轻人选择在城市定居,但很多老年人囿于年龄、能力、故土观念与生活习惯等,仍旧选择在农村生活。在现代性的冲击下,血缘和地缘关系逐渐淡漠,工具理性摧垮了价值理性,维系村庄延续千年的孝道文化迅速衰落。①

村庄中家庭结构和社会结构的变化,尤其是村庄的空心化,导致了养老的困境。一方面,老年人的支出与收入都受到挑战,因为子女可能要为构建自己的小家庭做准备,无法为父母养老提供更多的支持,部分在城市购买房屋的年轻人,甚至需要"六个钱包"的帮助;另一方面,子女和父母长期分离,对老年人的情感和生活缺乏照料,老年人的物质需求和精神需求难以满足,②农村养老服务供给面临前所未有的难题。

一、农村养老服务供给面临的困境

(一)传统家庭养老模式面临瓦解

1.传统养老模式遭到政策与观念的冲击

中国传统社会一直遵循养儿防老的"反哺模式",即父母养育子女,子女

①　袁松.消费文化、面子竞争与农村的孝道衰落——以打工经济中的顾村为例[J].西北人口,2009,30(4):38-42.
②　甘颖.农村养老和养老自组织的发展[J].南京农业大学学报(社会科学版),2020,20(2):48-58.

成年后赡养父母。这是一种均衡社会成员世代间取予的传统模式,[①]这种代际的传递环环相扣,既能为老年人提供基本生活保障,减少政府支出,降低社会成本,又能促进代际沟通,使老年人有精神归属和情感慰藉,维护家庭稳定和社会和谐。

在传统农业社会中,家庭收入的主要来源是农业生产。在城镇化高速发展的背景下,外出打工人员主要为青壮年劳动力,非农经济收入成为家庭收入的主要来源。从经济理性的视角来看,城市化、现代化的高速发展,导致留居农村的老年人收入较低,长辈的权威受到挑战,在家庭中的地位逐渐边缘化,其实际的生存状态和养老方式很容易被忽视。

换言之,青壮年外出打工、谋生、定居,农村留下大量空巢老年人,造成孤寡老年人的赡养和养老隐患。以湖南省为例,截至2015年底,空巢老年人620.12万人,占老年人口总数的9.14%,空巢率高于全国平均水平。且生活在空巢家庭的老年人,正在遭受物质和精神的双重贫困。

在现代化、城市化的冲击下,儒家文化传统逐渐破碎。农村青壮年不再向往"四世同堂""子孙绵延"的大家庭;为了在城市中扎根,也无暇顾及"父母在不远游""晨昏定省"等传统规则的约束。另外,在市场经济的冲击下,虽然空巢老年人仍有着浓厚的乡土情结,但也能体谅出门在外的子女的压力,除非迫不得已,一般不愿开口寻求子女的帮助。如此种种,导致传统的家庭养老模式迅速坍缩。

2. 家庭养老服务供给预期不稳定

对农村老年人而言,子女是养老生活的主要依靠。家庭养老服务供给的质量,取决于家庭规模、家庭成员的经济收入、家风的传承等因素。一般来说,子女多的家庭,养老压力较小,所提供的经济支持和生活照顾较多(但调查也显示,如果子女较多,可能会存在互相推诿、不愿承担养老责任的情况,具体与家风传承、子女的经济状况、子女中是否有权威者存在等因素相关);家庭成员收入越高,老年人获取的养老资源越多,品质越有保障。

值得注意的是,近年农村居民收入相较城镇居民增速放缓,家庭养老服务供给的资金增速正在降低。国家统计局网站数据显示,2020年农村居民人均可支配收入为17131元,比上年增长6.9%,扣除价格因素,实际增长

---

① 费孝通. 美好社会与美美与共:费孝通对现时代的思考[M].北京:生活・读书・新知三联书店,2019.

3.8％。农村居民人均可支配收入中位数 15204 元,增长 5.7％,实际增速比人均可支配收入更低一些。

一方面是收入增速放缓;另一方面是家庭支出不断扩大。2020 年,全国农村居民人均消费支出为 13713.4 元。从农村家庭支出结构可以看出,居住、教育、医疗等是农村家庭消费的主要方面。在收入与支出的增减过程中,养老服务的投入所占比例较小。

(二)农村养老服务供给和需求不平衡

在各级政府的推动下,农村养老服务供给发展迅速,但与数量庞大且急速增加的农村老年人数相比,仍然较慢,难以满足农村老年人的养老需求。

1.财政投入不足

长期以来,受重城市、轻农村的影响,养老服务供给城乡差别较大。政府的顶层设计多围绕城市展开,农村养老服务面临着财政投入不足、投资结构单一等突出问题。在农村养老服务供给领域,政府的主导作用发挥不充分。

民政部网站数据显示,截至 2017 年底,全国共有各类社区服务机构和设施 40.7 万个,但是城乡之间差距很大。从各项指标看,[①]农村的养老服务投入远低于城市,不仅数量上远少于城市,质量上也大大低于城市。此外,农村已建成的养老机构,还存在着基础设施简陋、医疗设施紧缺等问题,加之缺乏从事养老服务的专业化人才,农村养老服务实现有效供给的难度较大。

2.政策供给滞后

从政府层面看,良好的政策是推进农村养老服务有效的支撑。但现阶段,政府政策供给存在许多不足之处。

一是政策制定滞后。养老服务相关政策的制定,滞后于环境的变化。政府部门在农村养老服务政策的数量、质量上供给不力,未能根据农村养老需求的变化、急剧增长的老年人口,及时调整农村养老服务供给,制定有效的应对政策。二是政策供给碎片化。政策规定框架多,指导文件多,缺少具

---

① 全国共有社区服务指导中心 619 个(其中,农村 16 个),社区服务中心 2.5 万个(其中,农村 1.0 万个),社区服务站 14.3 万个(其中,农村 7.5 万个),其他社区服务设施 11.3 万个;社区服务中心(站)覆盖率 25.5％,其中,城市社区服务中心(站)覆盖率 78.6％,农村社区服务中心(站)覆盖率 15.3％;社区志愿服务组织 9.6 万个。

体实施细则,可操作性差,上下各层的解读与认知不统一;政策制定缺乏系统性和协同性,没有把农村老年人养老问题,置于乡村振兴背景下考虑。三是政策普惠性差。农村养老服务政策涉及多个部门,各部门多从自身利益出发,业务分割现象严重,政策普惠面窄且操作性不强。

从各地的实践来看,政府部门在引导社会力量参与农村养老服务方面仍处于探索阶段,尚未找到为农村留守老人提供有效服务的方法。[1] 虽然部分地方探索出集中居住、幸福院、志愿者服务等养老服务供给方式,但与农村老年人的养老需求相比仍有较大差距。[2]

3.养老服务供给对象单一

目前农村养老服务的主要供给对象,集中在困境家庭与失去家庭依托的老年弱势群体,养老服务供给面窄,属于社会救助性质的兜底保障。这种服务供给模式,忽略了农村家庭普遍脆弱的事实。在人口急剧老龄化、生育率持续低迷、农村人口空心化和家庭结构小型化等因素影响下,由于供给对象门槛高、条件苛刻,大部分留守老人被排除在外。很多农村留守老人因为有法定赡养人或扶养人,未能纳入政策规定的救助群体,无法享受政策带来的好处。他们游离于政府养老服务体系,长期处于"两不靠"(不能靠子女,不能靠政府)的状态,此类现象在农村地区屡见不鲜。

4.养老服务供需结构性矛盾突出

一是不同服务层次的结构性矛盾。虽然很多城市已经构建了"居家为基础、社区为依托、机构为补充"的养老服务体系,但广大农村地区仍处于探索阶段。在调研中发现,农村老年人明显偏好家庭养老方式,但当前农村养老服务建设的主导思想仍是以发展养老机构为主,且以床位数量作为衡量标准,忽略养老服务的内容建设。在护理床位上,又以普通床位为主,满足残疾老年人照护需求的特殊床位较少,造成普通床位过剩,特殊床位供应不足,养老床位供需失衡。农村老年人居家养老服务和社区养老服务最迫切的需求是,对高龄老年人和失能、失智老年人的照料。现阶段,这种家庭、社区、机构等不同层次的养老服务供给的结构性矛盾,影响了养老服务供给的有效性。

---

① 双艳珍.社会组织供给农村空巢老人养老服务:障碍及模式[J].山东行政学院学报,2020(4):82-87.

② 黄俊辉.农村养老服务供给变迁:70年回顾与展望[J].中国农业大学学报(社会科学版),2019,36(5):100-110.

二是服务内容的结构性矛盾。农村养老服务供给集中在生活照料,医疗保健、康复护理、精神慰藉等方面的供给严重不足。目前,除了东部沿海地区的少数农村,大部分农村地区的养老服务还停留在生活料理、打扫卫生、买菜送餐及理发上,尚未形成集照料、医疗保健、心理疏导于一体的综合性服务。尤其是在心理层面上,对留守老人缺乏关注。随着农村留守老人的规模不断扩大,其心理疏导和精神慰藉需求尤为突出。

5.养老服务质量偏低

虽然多个规范、意见中提出,要将提升农村养老服务能力和水平上升到重要地位,但国家政策偏向重视养老机构的硬件建设,忽略养老服务内容,针对老年人特殊需求的服务尤为缺乏。

此外,调查发现,农村社区养老基础设施普遍质量较差,养老服务项目少,养老服务专业人员不够。农村养老机构的护理人员以40—50岁的农村妇女为主,她们普遍受教育程度低,缺乏专业技能。在养老服务内容上,仅能提供简单日常生活料理,缺乏心理疏导、情感慰藉等个性化服务。总体而言,农村养老服务供给的服务内容少、服务人员水平低,短期内难以满足农村老年人日益增加的养老需求,养老服务供需结构性矛盾较为突出。

二、空心化背景下农村留守老人的现象及其表征

(一)农村留守老人现象的出现

基于实地调研和相关文献资料,可以看出留守老人现象的出现,与各个时期的宏观政策和社会经济的发展密切相关,在大致经历三个阶段性的变化之后,开始大规模出现。

1.半留守阶段(20世纪90年代)

家庭联产承包责任制的实行,极大程度地解决了农民的温饱问题,家庭剩余劳动力增加。改革开放后,逐渐放宽了对农民的限制,如20世纪80年代湖南省的农民工政策一直在不断调整完善,核心是消除农民"离土"的限制,让农民"离土不离乡,进厂不进城",农民可以在农闲时外出。因此,这一时期开始出现在外专门务工、经商的农民,导致部分老年人处于半留守状态,但尚未成为农村的普遍现象。

2.被动型留守阶段(20世纪90年代—21世纪初)

20世纪90年代后,中国进入了工业化、城镇化的快速发展期,劳动密集型产业迅速兴起、城市建设规模急剧扩展,都需要大量劳动力。在此情形

下，政策解除了对农民进城的限制，允许农民跨地区流动，是大规模农民工进城期。该时期由于产业结构变化，农产品价格波动大，城乡收入差距拉大，单纯的农业收入已难以满足农村家庭基本生活需要。①

在经济理性的驱动下，收入决定农民的流向。通常，进城务工比留在农村收入高得多，调查数据也证实了，外出务工人员的收入超过家庭农业性生产收入，成为家庭收入的第一来源。在工业化、城镇化、市场化等诸多外力的推动下，为改善生活条件，农村出现多数家庭成员离家外出务工，老年人被动留守在家的现象。这一时期，留守和准留守老人已经在农村地区大量出现。

3. 主动型留守阶段（2010 年后）

2002 年，中央对农民进城务工提出了"同等待遇、合理引导、完善管理、做好服务"的方针。国家政策允许农民工进城，并放开中小城市户籍，提倡农民工到城市中来，解决就业、教育、福利等问题。随着人工价格的陡增，农民外出务工收入也大幅攀升，加速了农村青壮年人口远离农村的趋势。

在这一阶段，农民的价值观和就业观发生了本质变化。与父辈相比，新生代农民工进城的目的更多是满足自我发展的需要。他们已不是传统意义的农民，虽在农村生活长大，却并不务农，更向往和追求城市化、多元化。老年人留守家中，年轻人进城工作，已成为农村家庭的常态。

由于城市生活成本高，为了不增加子女的负担，父母通常留在农村（部分在城市打工多年，却因年老而无人雇用的老年人，也主动回到农村养老，降低生活成本），形成了中国社会特殊的群体。随着 20 世纪五六十年代出生的农民工返乡，农村留守老人的群体进一步扩大，政府的政策与服务供给，在面对这个陡然增加的庞大群体时，存在严重的认知与准备不足，导致一系列社会问题与矛盾的产生。

---

① 城乡收入差距在养老服务、人员流动等问题上，扮演着非常重要的角色。1978 年全国农民人均纯收入为 133.6 元，1997 年达到 2936 元，增长 21 倍，农民收入绝对值快速增长。1978 年城乡居民收入差距为 2.37：1，1983 年缩小到改革开放以来的最低点 1.70：1，而后差距开始扩大，到 1997 年为 2.51：1。农民的绝对收入大幅增长，但城乡差距却在经历短暂的缩小阶段后，又开始增大。21 世纪后，这种情况并未改善，在经济快速发展、农民收入水平提高的同时，城乡收入差距仍在进一步扩大，2008 年城乡收入差距达到最高点 3.36：1，此后再度小幅缩小至 2012 年的 3.10：1。

（二）农村留守老人现象的特征

留守老人最大的特征是没有与子女共同生活。为什么 20 世纪八九十年代的留守老人社会现象，今天却演变为社会问题，农村留守老人群体具有哪些特征呢？

学界一般认为，青壮年劳动力进城，农村空心化是农村留守老人社会问题形成的直接原因；计划生育政策控制了人口总量，也改变了人口结构，导致老年群体占总人口比例增大，是农村留守老人社会问题形成的间接原因。但如此直接简洁的答案，却无法带来解决问题的思路，因为我们无法阻止城市化的进程，也不能强行改变农村的人口结构。

笔者通过对湘潭市石潭村的深入调查，并走访了附近的石潭镇洪家村、金石乡大河塘村、金石乡胜利村等村庄后发现，农村留守老人由普通的社会现象发展成为棘手的社会问题，源于现代化的冲击打破了农村社会固有的平衡，内外部环境急剧改变，且此趋势难以扭转。

1. 空心化下的公共设施荒废

调查显示，农村 80％以上的青壮年劳动力外出务工，其中 90％年龄在 20—40 岁。除进城打工外，读书和经商的人也明显增多。农村精英大量流失，留在农村的除了文化程度低、年龄大、身体差的老年人，就是未成年儿童和部分留守妇女，形成了农村特殊的"386199"部队，即留守老人、留守儿童、留守妇女。农村最具生产能力的人群流失，出现农田撂荒、房屋废弃等现象，农业生产处于停滞或半停滞状态，部分地区农村干部的工作重点转为养老和抚幼。农村出现空心化，俨然成为"养老院"和"幼儿园"，直接导致农村社会的消费不足，社会服务保障网络萎缩，学校关停，商业服务网点锐减，农村留守人员无法享受与城市相同的公共服务。

2. 少子化下的无人照料

1982 年计划生育政策成为我国基本国策，农村家庭由原来的 5—6 个子女变成 1—2 个子女，传统的居家养老模式受到了挑战。在调查的村庄中，独居老人比例近半，①大部分老年人生活无人照料，亟须精神慰藉。调查中，老年人反映，最害怕的就是发生摔倒、晕厥、心脑血管疾病等状况，需要时刻将手机放在身边，以防突发事件出现。

---

① 湘潭市的调查数据显示，独居老年人比例达到 41％，其他省份的情况也不容乐观。

3.居住分散化下的安全风险增大

中国的农村村居大多分散,尤其在山区丘陵地带。[①] 2005年国务院要求农村公路进行提质改造,给村民带来便利的同时,越来越多的村民迁出原来的村子,将房子建在农村公路旁,分散而居。在调查的湖南省、四川省等地的很多村庄,基本没有集中居住点,大部分都是一户一地居住。留守老人大多居住在独户家庭,与集中居住相比,安全风险系数较高。农村居住地的分散,造成村庄集体活动的难度加大,安全隐患增多。村民反映,因为距离较远,村庄日间照料中心发挥的作用非常有限。居住的分散,更导致老年人生病时难以被人发现。

4.低储蓄化下的收入拮据

调查显示,近46%的老年人月收入在100元以下,月收入超过2000元的不足5%,月收入高的老年人大多居住在浙江等沿海地区。为了鼓励子女发展事业和追求小家庭幸福,父母常表现出体贴和大度的胸怀。一旦发现自己成为子女追求自由和幸福的阻碍时,就会自觉做出牺牲,但对于"啃老",却持宽容、默认态度,认为这是父母对子女应尽的义务。

5.村组集体功能弱化下公共服务锐减

过去由于有村集体提留,因此对农村孤寡老人,村组有照顾责任。家庭联产承包责任制实施以后,大部分农村的集体经济在集体企业解体、集体资产分完以后濒临破产。缺乏经济收入的村集体无力对公共服务进行投入。以湘潭市为例,2019年底,市民政局在古城村试点,成立农村互助养老基金,采取村民筹资与政府奖励1∶1配套的措施,三个多月才募集到1万元;1990年成立的村老年协会,是村里唯一能正常开展活动的社会组织,村老年协会组织过一些公益活动,在当时颇有影响力,后因资金不足而停办。调查时发现,老年协会现已很少组织活动。在东部较富裕的省份,上级对村集体经济监管较为严格,即便村级收入充裕,在诸多的掣肘下,村干部也不敢贸然用来改善老年人的养老生活。

6.链接阻断化下资源匮乏

与城市相比,农村留守老人的社会支持力度较小,获取社会养老服务资

---

① 以调研的湘潭市古城村为例,1961年,古城村有房屋90栋,占总户数的19.8%;1990年,846栋,占总户数的87.6%;2011年,达到949栋,占总户数的94.3%;2019年,达到1030栋,占总户数的98.0%。房屋越来越多,意味着家庭结构越来越小,居住越来越分散。

源的难度较大,主要是由于农村交通不便,村民居住分散,集体服务的成本较高,市场化的养老金资源准入门槛较高,阻断了外界资本的进入。

三、农村留守老人养老服务供给问题产生的根源

(一)农村留守老人问题形成的政策隐患

1.农村经济改革政策弱化了留守老人养老服务供给

改革开放后,我国的经济体制改革取得了举世瞩目的成功,尤其是小康社会的建成,解决了亿万农民的温饱问题。然而,市场化也给传统的农村养老体系带来了沉重的打击。此外,地方政府的经济政策往往以提高生产力、促进经济发展为首要目标,并未及时承担起为农民提供养老保障的责任。

农村经济体制改革政策在促进农村商品经济发展的同时,也弱化了农村土地的比较收益。在城市化的冲击下,一方面,农村老年人赖以生存的土地养老保障功能迅速弱化,抛荒撂荒现象时有发生。除了沿海地区及核心城市周边外,农村土地难以流转。另一方面,大量农村劳动力进城,家庭养老功能随之弱化。因此,农村留守老人问题是快速出现的大规模工业化、城镇化、市场化的必然结果,是农村经济改革的产物。

2.农村养老政策忽略了留守老人养老风险防范

从宏观层面看,在农业合作化时期,政府政策规定,由村集体承担“五保户”养老的责任。在新时期的社会建设中,政府政策导向虽然发生转变,但政府责任的边界和内容仍然模糊。近年来,在老龄化的冲击下,政府出台了许多惠老政策,但以指导性意见为主,缺乏针对性。

从微观层面看,留守老人面临着传统农村社区衰微,家庭养老功能日益衰退的困境。虽然政府提出要关爱留守老人,并制定了相应措施,如定期走访等,但政策的可操作性不强。在留守老人风险的防范上,政府的政策导向依然以家庭成员为风险防范主体,忽略了留守老人无人照料的事实,相关政策难以落实。

(二)农村留守老人问题产生的社会文化根源

在分析留守老人现象产生的原因时,有学者认为农村青壮年劳动力为获取更高的经济收入进城务工是最直接的因素,传统孝道文化面临工业化、城市化冲击时的衰微是深层的原因,因而要弘扬和强化传统孝文化。

本书基于对农村养老现状的深入分析,认为此观点值得商榷,甚至从某

种程度上而言,正是由于传统儒家文化过于强调家族兴旺、家庭责任、父母对后代的无私奉献,农村养老服务缺失,将农村老年人推向了无助的边缘。

1.家庭支出安排中的"轻老重幼"

老年人和儿童都应得到平等照顾,但事实是对老年人的重视程度远远不如儿童。在政府层面,有大量教育安排,但老年人中只有特殊的贫困群体才会得到强制性养老安排,这在政府的公共财政支出上可以看出来。以湘潭市近五年来财政在教育、养老方面的支出为例,养老服务的支出不到教育经费支出的一半。在公众认知上,教育作为公益事业得到社会普遍认同。对于养老,公众则认为其是产业,或者是具有部分公共服务职能的产业。从社会组织登记上也可看出这一点,2019年湘潭市为老服务类社会组织共68个,占"一老一小"社会组织的8%;学生服务类有772个,占"一老一小"社会组织的92%,养老的分量远远赶不上教育。在家庭层面,老年人的消费尽量省,儿童的消费往往较高。甚至在一些家庭中,老年人省出自己的养老钱也要让孙辈上最好的学校,形成了家庭消费的"轻老重幼"现象。

2.孝道文化下的公共责任缺失

政府的基本职责是弥补市场失灵,提供公共产品和公共服务,保证社会经济生活的有序运行。养老服务作为公共产品,本应由政府提供。以笔者调研的邵东市联云村为例,当时的联云村村干部称计划生育为"天下第一难事",很多只生了女儿的家庭对计划生育政策意见很大,尖锐的社会矛盾源于孝道文化的影响,认为只有儿子能"传宗接代"和养老送终,而且农业生产也主要依靠男子。因而此时的政策导向也默认了"养儿防老",养老是家庭私事。在农村,一些家庭对老年人权益的侵害,如对老年人的欺凌、虐待等不同程度存在,但很少会有人干预,原因在于这是别人的"家务事"。因此,养老公共责任的缺失与传统文化下政府、社会和个人对养老责任的定位密切相关。在大部分人的观念里,认为留守老人有子女,不需要政府干预,在此思想下,部分留守老人事实上过着极为困难的生活。

3."面子"观念里的人情开支沉重

在农村中,即便是没有独立经济来源的老年人或者收入很少的留守老人,也是需要随份子的,甚至子女的"人情债",也经常需要老年人来还。在乡土社会中,遇到亲友邻居的红白喜事,如果不随礼,经常会被人指指点点,甚至被孤立。调查显示,人情负担已经占留守老人日常支出的第一位,让本就不富裕的老年人经济更加紧张。

四、农村养老服务供给侧结构性改革的必要性

调查显示,从目前的农村养老服务供给来看,无论是供给的内容、主体还是模式,都无法有效满足老年人的需求,存在供需结构失衡的困境。

(一)供给和需求匹配失衡

目前,我国农村养老服务供给总量不足,供给专业化程度低,供给面窄。农村养老服务的主要对象仍停留在"五保""三无"等老年群体,且养老服务供给内容单一,手段落后。调查显示,无论是留守老人还是非留守老人,他们的养老需求趋于多元化,且大多表现为吃、住等需求较少,医疗和精神等方面的需求大幅增加,以及个性化需求增多,明确显示出农村老年人养老服务的需求结构发生改变。因此,需要推进农村养老服务供给侧结构性改革,改变政府职责定位和调整政策导向,引导社会组织参与,整合更多资源,共同解决农村养老问题。

1.养老服务供给与老年人需求匹配度低

当前农村中,老年人的需求各不相同,尤其受年龄、身体状况、婚姻状况、与子女交流次数、家庭年收入等因素的影响,养老意愿呈多样化趋势。多数老年人选择家庭养老,倾向于机构养老和社区养老的也不在少数。即使在选择相同养老方式的老年人中,不同年龄、身体条件、家庭条件和经济条件的老年人的具体需求,也有较大差异。[①] 另有研究表明,不同地区老年人的需求差异较大。如中部、西部地区农村老年人更愿意选择居家养老,选择机构养老的比例分别为东部地区的 0.514 和 0.422 倍。[②]

研究发现,农村老年人参与养老服务的方式存在显著的地区差异。越接近东部地区,农村老年人越希望通过自愿照护的方式,参与养老服务供给;越接近西部地区,农村老年人越希望通过获得经济补偿的方式,参与养老服务供给。[③] 但目前政府、市场、社会组织所提供的需求却大体类似,缺乏差异化,不能很好满足农村老年人的养老需求。

---

① 穆光宗,茆长宝.人口少子化与老龄化关系探究[J].西南民族大学学报(人文社科版),2017,38
(6):1-6.
② 吕雪枫,于长永,游欣蓓.农村老年人的机构养老意愿及其影响因素分析——基于全国 12 个省份 36 个县 1218 位农村老年人的调查数据[J].中国农村观察,2018(4):102-116.
③ 于长永.农村老年人的互助养老意愿及其实现方式研究[J].华中科技大学学报(社会科学版),2019,33(2):116-123.

2.供给呈现"两头保、中间空"局面

2013年国务院印发的《关于加快发展养老服务业的若干意见》中提出要完善农村养老服务的托底措施,将所有农村"三无"老年人全部纳入五保供养范围,使农村"五保"老年人老有所养。文件将"托底"作为农村养老服务供给的功能定位,从政策上明确了对农村"三无"老年人的兜底救助。虽然农村"三无"人口数量大且较为分散,真正落实起来难度较大,但调查显示"五保"老年人在"吃、穿、住、医、葬"五保救助方面,都得到了基本保障。

在这种情况下,贫困老年人会得到政府的优先照顾,富裕老年人则会通过市场来购买相关服务,处于中间层的数量众多的老年人,既无相关的福利保障,又无力支付市场化的养老服务,只能靠子女和自己,压力较大。农村养老服务供给呈现"中空"的局面,供需严重失衡。因此,不能简单地统一提供服务和物品,要充分利用社会和市场的力量,不同的社会组织可以提供不同的养老服务,而政府和社会组织可以通过不同的方式进行合作。

（二）供给动力不足

1.家庭供给能力差

由于子女进城谋生直接削弱了农村家庭养老功能,大部分子女不能为父母提供生活照料和精神慰藉,家庭养老模式正悄然发生转变。在农村空心化的背景下,很多老年人与子女共同生活的时间减少,加上家庭结构小型化,老年人难以享受子女给予的照料。

2.政府供给力度低

长期以来,在农村,大家已经习惯于家庭养老,政府干预和财政投入较少。政府公益性乡村养老机构服务面窄,仅针对特殊群体,即向"三无"老年人、残疾人开放,惠及的老年人极其有限,普通农村老年人无法享受,而民办养老机构费用居高不下,对老年人来说是沉重的负担。

3.社会力量参与少

目前来看,政府购买养老服务在发达地区实施较好,在中西部农村开展的规模有限。由于社会力量总体介入程度较低,故无论是在养老机构的供给上,还是养老服务质量上,都无法有效满足老年人的需求。好的养老服务往往需要优秀的护理支持,目前中西部农村很难满足这一条件。总体来看,农村养老服务普遍存在专业护理人才总量供给不足和专业化人才稀缺并存的局面,大多数农村养老机构的护理人员年龄大、学历低,仅能提供饮食起居等基础性服务,无法提供专业化服务,来满足老年人多层次的需求。

4.市场供给失效

一是养老服务供给内在动力不足。因为养老属于准公共产品,前期投入大,运营成本高,利润相对较低,投资周期长,资本进入意愿低,市场供给的内在动力不够。二是农村老年人有效支付能力不足。农村老年人普遍经济收入低,根本无力支付市场化的服务费用,或者养老观念还停留在子女养老送终上,即便有支付能力也不会去购买相应服务,从而产生养老服务供给严重不足的问题。

(三)供给制度不完善

目前我国政府虽然在国家层面颁布了一系列促进农村养老服务业发展的指导性文件,但在具体实施过程中仍存在不少问题,突出表现为如下几点。

1.行业内部标准不统一

目前,我国养老服务行业内部标准和规章制度并不完善,缺乏统一的行业标准。尽管从2012年开始,民政部门陆续出台了《社区老年人日间照料中心服务基本要求》《养老机构服务质量基本规范》《养老机构服务安全基本规范》等养老服务领域的国家标准清单,但各地在具体执行时并未统一。此外,这些养老服务标准的前瞻性不足和适用性不强,缺乏针对农村养老服务行业的标准,实际执行中存在一定障碍。

2.监督和保障机制不健全

养老服务行业的外部监督机制不完善,政府部门对养老行业的评估缺乏统一的标准,导致农村养老服务行业管理混乱。此外,养老服务行业保障机制不健全,导致民营资本进入养老服务业时往往遭遇体制性和政策性障碍,如税收优惠政策无法落实、[1]准入门槛设置过高等。

3.投入与分配体制不完善

地方政府对建设城市养老服务公寓和大型养老机构非常积极,甚至将建养老公寓跟房地产开发相联系,对建立和完善农村社区养老服务体系不感兴趣,对农村养老服务领域的投入严重不足。

---

[1]　李俏,许文.农村养老服务供给侧改革的研究理路与实现方式[J].西北人口,2017,38(5):51-57.

第五章　农村留守老人生活状况与养老风险

本书通过对农村留守老人生存状况进行抽样摸底调查,评估其生活状况及养老风险,探索建立以农村留守老人的养老意愿为出发点,以需求为导向,政府与社会组织共同提供服务的农村留守老人关爱体系。

一、样本选择和数据来源

(一)样本选择

1.调研对象和内容

2018年1月至2019年12月,笔者在全国范围内进行随机分层抽样,共选取10个省市的53个村进行调研,其中包括湖南、河南、四川、重庆、江西、浙江、山西、山东、甘肃和海南;另外重点选取具有代表性意义的湖南中部城市湘潭市农村的留守老人进行实地调研,进行二次验证及分析。

笔者将60岁及以上的农村老年人分为农村留守老人、准留守老人、非留守老人。本次调查的对象主要为60岁及以上的农村留守老人。其中准留守老人是指其子女外出务工一个月以上,但经常会回家;非留守老人是指子女虽然不与父母居住在一起,但居住地相距车程在1小时之内。

2.调查目的和调查方法

笔者调研的目的旨在评估农村留守老人的老年生活和面临的风险,了解农村留守老人的养老服务需求,对农村留守老人养老服务供给的政策制定提出建设性意见。

本研究采用随机抽样的方式进行问卷调查,对重点目标人群同时采用无结构访谈法进行深入研究。调查问卷的内容包括受访者的基本信息,如个体特征、家庭情况、经济状况、生活状况、健康状况和社会福利水平等。

第一次问卷设计完成后先在重庆市、湖南省湘潭市进行了小规模试点，发放了部分问卷，并根据调研反馈的结果对问卷进行调整。第二次问卷是在对第一次问卷修改完善的基础上形成的，是调研数据的来源及依据。

（二）数据来源

调研数据来源分为两个部分，一是以湖南省湘潭市为例，分别对全市辖区的农村留守老人和非留守老人予以调查，持续时间为半年，有效回收留守老人问卷930份、非留守老人问卷478份；二是对在全国范围内的10个省市进行随机抽样、分层抽样，持续时间近两年，有效回收问卷1216份。问卷内容如附录一所示。

1.全国10个省市调研数据

笔者自2018年1月—2019年12月，对10个省市、53个村进行调研，共回收有效问卷数量为1216份。剔除年龄小于60岁及以上的老年人及非留守老人后，最终得到用于研究分析的农村留守老人问卷1015份。

2.湘潭市调研数据

湘潭市是全国养老服务综合改革试点城市，以及首批居家和社区养老服务改革试点城市，该市承担了国家在养老领域的多项试点任务，在先行先试的过程中，率先出台和实施了一系列政策措施，为我们观察研究留守老人现状提供了有价值的样本。

湘潭市的调研数据包括以下两部分：（1）湘潭市农村留守老人抽样调查数据。笔者在湘潭市民政局的协助下对湘潭市所辖建制村的所有留守老人进行了全面调查。从2018年5月开始准备，一直到11月结束，持续了半年。

笔者按照随机抽样和分层抽样的方法，对五个区（县、市）的所有建制村的934位留守老人和五保户进行了重点调查（包括入户访谈、问卷调查等），有效回收问卷930份，经过核实后，符合留守老人条件的样本共计533份，内容包括受访者的个体特征、家庭情况、经济状况、生活状况、健康状况以及社会福利水平等。

本次留守老人调查样本覆盖了29个乡镇、81个建制村，分别占全市的64％、10％，占全市3226名留守老人的16.5％，为该市近年来最为全面的留守老人调研。

具体的走访数据如下：湘潭县调研共计走访15个乡镇、30个村，走访留守老人 206 人；湘乡市调研共计走访了 6 个乡镇、19 个村，走访了 220 名留守老人；韶山市共计走访 4 个乡镇、12 个村，走访留守老人 100 人；雨湖区共走访 2 个乡镇街道、9 个村，共 3 人；岳塘区共走访 2 个乡镇街道、11 个村，共 4 人。

（2）湘潭市非留守老人（常态老人）抽样调查数据。调查对象为湘潭市 60 岁及以上居住在农村的非留守老人。调查目的是比较湘潭市留守老人和非留守老人的生活状况。调查时间为 2019 年 10 月至 2020 年 3 月。采用入户访谈和问卷调查相结合的方法，获得有效样本 478 份。

两次大规模问卷调研共计得到有效问卷 2624 份，其中属于留守老人的问卷 1548 份。

二、农村留守老人生存状况分析

（一）农村留守老人的个体特征

1. 性别分布

抽样选取的 10 个省市的数据显示男性 586 人，女性 429 人，男性比女性多 157 人。数据显示跟随子女进城照料孙辈者多为女性，而男性老年人随迁的较少，大多留守家中，因而在农村留守老人群体中，男性占比较大。特别需要提出的是，由于男性老年人的自我照料能力低于女性，发生意外风险的概率也大于女性。湘潭市的 533 份调查问卷中，其中男性为 296 人，女性为 237 人，同样也是男性略多于女性。

2. 年龄分布

抽样选取的 10 个省市农村中 60—70 岁的有 606 人，占比为 59.71%。70—80 岁有 284 人，占比为 27.98%；80—90 岁的老年人也达到了 121 人，占比为 11.92%；90 岁及以上的老年人有 4 人，占比为 0.39%，其中年龄最大的老年人为 98 岁。除了 90 岁及以上老年人较少外，各个年龄层次人数的分布较为平均。

数据表明，80 岁及以上老年人占比为 12.31%，这意味着随着生活水平的提升和预期寿命的增加，农村中的高龄老年人会越来越多。养老服务供给中需要考虑这一变化趋势。

湘潭市留守老人中，60—70 岁的有 269 人，占比为 50.47%；70—80 岁的有 201 人，占比为 37.71%；80—90 岁的有 54 人，占比为 10.13%；90 岁及以上 9 人，占比为 1.69%，留守老人主要在 60—80 岁。与全国 10 个省市数据结果基本相同。

3.受教育程度

在全国 10 个省市的调研数据中,留守老人普遍受教育程度低,文盲比例高。其中有 402 人不识字,占 39.61％;有 14 人读过私塾,占比为 1.38％;有 391 人小学毕业,占比为 38.52％;有 158 人初中毕业,占比为 15.57％;有 39 人中专或者高中毕业,占比为 3.84％;大专及以上文化程度的有 11 人,占比为 1.08％。

不识字和小学毕业的老年人占比最大,约 80％。留守老人的受教育程度在年龄和地域上呈现出较大差异,年龄越大,文盲率越高;发达地区的老年人受教育程度高于经济欠发达地区。

从数据上看,湘潭市农村留守老人同样普遍文化水平低,小学文化程度及以下的共有 451 人,占比为 84.61％;初中文化程度的 65 人,占比为 12.20％;高中及以上文化程度的 17 人,仅有 3.19％。与全国 10 个省市数据相比,湘潭市老年人的普遍识字率更高。

受教育程度与年龄和性别有一定关联,女性老年人的受教育程度普遍低于男性老人。60—70 岁这个年龄段中,初高中学历的老年人最多。

4.婚姻状况

在针对全国 10 个省市的调查中,问卷将婚姻状况分为未婚、同居、已婚、分居未离婚、离婚、丧偶等六种情况。需要说明的是,问卷中将同居、分居未离婚设为单独选项是考虑到农村老年人婚姻的特殊性。受传统观念影响,很多老年人即便夫妻关系破裂或者丧偶,也不会办理相关手续,而是选择与其他人同住。这一群体虽然不多,但在南方地区,呈逐渐上升趋势。

全国 10 个省市调研数据显示,留守老人中已婚人数最多,有 756 人,占总人数的 74.48％;有 221 人丧偶,占总人数的 22.77％;未婚 6 人,占比 0.59％。总体来看,已婚和丧偶老年人占比最多(见表 5.1)。

湘潭市留守老人中有配偶者占 61.35％,女性留守老人丧偶率大于男性。丧偶率随着年龄增大不断升高,女性高龄组丧偶率最高(见表 5.2)。

表 5.1　全国 10 个省市农村留守老人个体特征

变量	分类	人数/(人)	占比/%
性别	男	586	57.73
	女	429	42.27
年龄	60—70 岁	606	59.71
	70—80 岁	284	27.98
	80—90 岁	121	11.92
	90 岁及以上	4	0.39
受教育程度	不识字	402	39.61
	读过私塾	14	1.38
	小学	391	38.52
	初中	158	15.57
	中专或高中	39	3.84
	大专及以上	11	1.08
婚姻状况	未婚	6	0.59
	同居	15	1.48
	已婚	756	74.48
	分居未离婚	11	1.08
	离婚	6	0.59
	丧偶	221	21.78

表 5.2　湘潭市农村留守老人个体特征

变量	分类	人数/(人)	占比/%
性别	男	296	55.53
	女	237	44.47
年龄	60—70 岁	269	50.47
	70—80 岁	201	37.71
	80—90 岁	54	10.13
	90 岁及以上	9	1.69
受教育程度	小学及以下	451	84.61
	初中	65	12.20
	高中及以上	17	3.19
婚姻状况	有配偶	327	61.35
	无配偶	206	38.65

(二)农村留守老人的经济状况

1.农村留守老人普遍收入低,与经济发展程度呈正相关

针对全国 10 个省市的问卷中,农村留守老人月收入分成 8 个等级(见表 5.3)。数据显示,收入在 0—100 元有 475 位,占比 46.80%;100—500 元有 317 人,占比 31.23%;500—1000 元有 110 人,占比 10.84%;1000—2000 元有 65 人,占比 6.40%;2000—4000 元有 28 人,占比 2.76%;4000—6000 元有 11 人,占比 1.08%;6000—9000 元有 3 人,占比 0.30%;9000 元及以上有 6 人,占 0.59%(见表 5.3)

表 5.3　全国 10 个省市农村留守老人月收入情况

分类	人数/人	占比/%
0—100 元	475	46.80
100—500 元	317	31.23
500—1000 元	110	10.84
1000—2000 元	65	6.40

续表

分类	人数/人	占比/%
2000—4000 元	28	2.76
4000—6000 元	11	1.08
6000—9000 元	3	0.30
9000 元及以上	6	0.59

其中浙江、海南、山东三省农村留守老人经济状况比较好,月收入 2000 元以上的留守老人基本来自这三个省份。由于收入稳定,加上地方政府在养老保障上补贴力度大,这三个省份的老年人更加倾向于自我养老,或者进入养老院。中西部如甘肃、湖南、江西、河南、四川等省份农村留守老人收入较低,且收入大部分来自政府的基本养老金补贴,80% 以上选择家庭养老。

湘潭市留守老人普遍经济收入偏低。数据显示,78.33% 的留守老人月收入在 0—500 元,只有 3.55% 的人月收入在 2000 元及以上(见表 5.4)。

表 5.4　湘潭市农村留守老人收入情况

分类	人数/人	占比/%
0—500 元	417	78.33
500—1000 元	79	14.74
1000—2000 元	18	3.38
2000 元及以上	19	3.55

特别需要解释的是,作为中部长株潭核心城市群成员的湘潭市之所以会出现农村留守老人经济收入略低于其他省市的情况,是因为全国 10 个省市的数据中包括了浙江、山东等经济发达地区,从而拉高了平均水平。另外,也可说明在国家全面推行新型农村养老保险的今天,除了少数富裕地区外,农村留守老人的生活水平大体相似。

2.农村留守老人经济来源多为农业生产所得和政府补贴

全国 10 个省市调研数据显示,有 10.54% 的留守老人无稳定收入来源;39.51% 由家庭成员赡养;43.54% 的老年人需要自我养老,因为除了逢年过节,子女很难在经济上提供帮助;101 个留守老人得到过政府或者社会补助,占 9.95%;160 人自己购买了或子女出钱购买了养老保险、商业保险,占 15.76%。

湘潭市老年人的经济来源构成大体相似,以子女供养为主。此外,个人的农业生产所得也是主要的经济来源。新型农村养老保险的实施,使得老年人在肉蛋、蔬菜等方面的支出有了最低保障。低保户家庭,每年还另外有补助。90 岁及以上老年人每人每月有 100 元的高龄补贴。

3.子女赡养父母以实物为主,现金资助较少

调查中发现,子女大多以实物形式供养父母。一般来说,子女会置办好米面粮油等生活必需品,保障父母基本生活。但也有子女对父母不闻不问的情况,甚至几年都不回家,留守老人生活可能会陷入极为糟糕的境地。

4.留守老人从事劳作的比例高

具有基本劳动能力的留守老人都会继续从事农业生产或打零工;丧失劳动能力的一般靠政府补贴和子女供养。随着年龄增加,留守老人参与劳动的比例也随之下降,相较其他省市数据,湖南、四川、江西三省农村留守老人停止劳作年龄较小,而浙江省留守老人参与劳动比例最高,停止劳动年龄最大。

5.日常生活和看病是最主要的家庭支出

全国 10 个省市调查中发现,留守老人的收入大部分用于日常开支和看病。留守老人的日常开支主要是食物支出,穿着和出行方面的开支极少。他们普遍认为医疗费用高,患病时也不愿意就诊。

以湘潭市为例,除去物资供应,通过政府补助、子女支持和自己劳动,大部分留守老人的人均年收入保持在 3000—5000 元,仅能维持最基本的生活,抗风险能力较差。

(三)农村留守老人的身体状况

1.农村留守老人健康自评较低

健康自评是老年人对自我健康状态的主观感受,留守状态会对农村老年人的健康自评产生显著影响。调查显示,留守老人生活自理比例较高,但健康自评较差,与年龄呈负相关。全国 10 个省市调查数据显示,43.95% 的农村留守老人自评身体十分健康;41.63% 认为需要按时吃药,病情稳定;8.79% 需要定期去医院治疗,病情不稳定;5.64% 认为身体状况不乐观。这说明大多数留守老人对自我的身体状况较为担忧,这与其年龄增加、身体机能下降、生活缺少照料、社会支持不足等密切相关。

在健康自评中,全国 10 个省市农村留守老人中认为自己身体情况比以

前好的只有 80 个。接近 80％的老年人能完成简单的个人生活照料（刷牙、洗脸、洗澡），近 60％的老年人能完成一般日常行为（做简单的家务、行走、上楼梯）、独立乘坐交通工具出行，超过 60％的老年人能自主管理钱财。但在照顾儿童和干农活上，只有 40％的老年人觉得自己完全可以做到，30％的老年人觉得自己完全做不了。

湘潭市的调研样本显示，97.76％的留守老人能独立完成吃饭、穿衣、洗澡等日常活动，只有 2.24％生活不能自理，需要陪护，或者需要通过亲友协助完成。但在访谈中，80％以上老年人表示自己的身体状况逐渐变差，并表达了对未来的担忧。

完全无法独立乘坐交通工具的老年人有 16.67％，完全没问题的只有不到一半，约 40.15％。完全可以从事农业生产的老年人约为 28.57％，30.48％的老年人在务农时存在困难，40.95％的老年人已经完全不能从事农业生产（见表 5.5）。

表 5.5　湘潭市农村留守老人身体状况

变量	分类	人数/人	占比/％
自理情况	能自理	521	97.76
	不能自理	12	2.24
乘坐交通工具	完全无法独立	89	16.67
	需要他人帮助	231	43.18
	完全没问题	213	40.15
从事农业生产能力	完全可以	152	28.57
	存在困难	163	30.48
	完全不能	218	40.95

在全国 10 个省市的调研数据中，浙江、海南两省的农村留守老人对身体状况最乐观，甘肃最低，这与前述老年人参与经济活动的年龄呈正相关性。从事农业生产的农村留守老人年龄越大，对自己的身体状况越乐观，这也与区域经济发展密切相关。另外，随着老年人年龄的增长，高血压、心脏病、腰椎间盘突出症、风湿病等慢性疾病日益加重。

2.农村留守老人独居比例高，风险大

调查数据显示，留守老人和配偶共同生活的比例为54.78％；单独居住比例为35.64％。随着年龄的增长，配偶离世，独居老年人的比例越来越高，风险也会随之增加。留守老人照料仍以家庭为主，配偶是主要照料者，子女及亲属只起到辅助作用，难以支撑。笔者调查的浙江、湖南、江西等省份农村独生子女家庭较多，这意味着未来赡养老年人会存在巨大的缺口和隐患。

3.农村留守老人身体状况差，睡眠质量无法保障

随着年龄的增长、机体组织功能的逐渐退化，留守老人身体各个器官出现不同程度衰退。另外，留守老人普遍生活照料缺失、医疗卫生意识较差，大部分患有基础性疾病，其中很多人有两种以上老年病，疾病会随着年龄的增长而逐渐加重，从而加大家庭负担。在调查样本中，80％的老年人存在睡眠障碍，如睡眠浅、频繁起夜、有效睡眠时间短等。

（四）农村留守老人精神慰藉和社会交往情况

1.精神慰藉需求情况

精神慰藉指对老年人心理上的关注和安慰。研究显示，留守老人的精神面貌和心理健康程度与子女关系重大，[①]子女的精神慰藉是老年人适应社会角色转变的支柱，子女给予的情感关怀可以帮助老年人更好适应晚年生活。

一是留守老人精神状况与经济条件关系密切。调查显示，家庭经济条件好的留守老人普遍精神面貌较好，有的留守老人的晚年生活条件较为优渥，精神状态较好；家庭经济条件较差的留守老人则生活负担重，晚年仍需从事农业生产或打零工，精神状态较差。

二是留守老人精神状况与子女生活状态有正相关性。中国老年人普遍以子女有出息为荣，农村留守老人也不例外，倘若子女在外工作体面、待遇好，即使不经常回家，父母仍会感到骄傲；如果子女在外生活艰难、收入低，留守老人则会担心、难过。

三是留守老人精神状况与子女交流紧密度相关。调查显示，与子女交流较多的留守老人精神状况良好。以湘潭市为例，湘潭市外出打工者多在长沙，但在广东、江浙沪地区谋生者也不在少数，大部分人一年才能回来一

---

① 王雪峤.农村留守老人情感与精神需求困境破解[J].人民论坛,2015(20):146-148.

次。访谈结果显示,如果子女较少与留守老人交流,老年人难以从子女身上得到情感慰藉。留守老人一般体谅子女在外工作困难,不愿意将自己的生活烦恼告诉子女。调查中发现,留守老人与子女的交流频率、交流程度远低于非留守家庭。

2. 社会交往情况分析

全国 10 个省市调研数据显示,社会交往活动匮乏的老年人有 202 人,占总人数的 19.90%;社会交往活动比较丰富的人数最多,有 604 人,占比 59.51%;社会交往活动非常丰富的有 209 人,占比 20.59%。数据还显示,社会交往情况的地域差别不大。

一是留守老人日常交往对象以配偶、邻居、村干部为主。样本统计显示,留守老人日常交往对象除配偶外,邻居居多。全国 10 个省市调研数据显示,89% 的留守老人通过电话与子女保持联系,但与子女通话时间一般不超过 3 分钟,大部分一周仅通一次电话,且一般不涉及情感交流。留守老人日常交往对象大多是邻居,偶尔与前来探望的村干部交流。样本统计显示,在遇到困难时,留守老人第一时间想到村干部的比例最大,这充分说明农村基层干部工作的重要性。

二是留守老人生活单一,社会活动少。留守老人的交流多局限于同侪群体。留守老人年龄逐渐增大,能够与之交谈的对象越来越少,加深了老年人的孤独感。相较男性留守老人,女性留守老人更愿意参加社交活动;高龄老年人除了看电视外,没有其他任何活动。以湘潭市为例,由于境内多丘陵,多数农村较为偏僻,老年人由于行动不便,与外界往来少,几乎没有社会交往。

全国 10 个省市调研数据显示,57.43% 的留守老人希望村里能有配置齐全的公共活动场所和老年活动中心,以供平时消遣娱乐。26.40% 的留守老人支持村里有基础运动设施,希望能锻炼身体。此外,分别还有 11.92% 和 4.24% 的留守老人希望有宗教场所和针对老年人的兴趣培训班,以丰富老年人生活(见表 5.6)。

表 5.6　全国 10 个省市农村留守老人社会交往情况

变量	分类	人数/人	占比/%
社会交往情况	匮乏	202	19.90
	比较丰富	604	59.51
	非常丰富	209	20.59
希望活动场所	老年活动中心	583	57.44
	运动健身、锻炼场所	268	26.40
	宗教场所	121	11.92
	兴趣培训班	43	4.24

（五）政府惠老政策和其他养老保障情况

1548 份（全国 10 个省市 1015 人，湘潭市 533 人）留守老人调查问卷显示，享受农村养老保险的老年人有 1376 人，占 88.90%，没有享受的只有 11.10%。参加新型农村合作医疗的老年人有 1416 人，占 91.47%。新农合的全面普及给老年人带来了一定的保障，但由于保障力度小、保障范围窄等，不能从根本上为老年人提供帮助，而农村养老保险对普通留守老人来说，金额较少，作用不大，而能够买商业医疗保险或者商业养老保险的老年人及家庭更是数量极少，这样一来政府加强对农村留守老人的"特别关照"便显得尤为重要。

三、农村留守老人的区域特征

（一）全国 10 个省市农村留守老人的地域特征

笔者在调研中发现，各地的留守老人在人口结构、经济收入、生活照料、精神慰藉和社会交往等方面都有许多共同特点：比如老龄化率高，男性留守老人多于女性；经济收入水平较低；照顾者多为配偶，家庭抗风险能力较差；生活自理能力较差；独居老年人比例大；生活环境较差；与子女的情感交流不深入等。

基于不同的经济社会发展情况及地理环境因素的影响，各地的留守老人问题呈现出较为明显的区域特征。例如，地处东部沿海经济发达地区的浙江省农村，虽然与全国其他地区一样，面临老龄化严重、青壮年流失等共性问题，但留守老人问题并不突出。这是因为浙江省内民营经济发达，交通便利,经济相对富裕。与中西部地区相比,大多数子女可以在周末回家看望父母。在笔者调查过的浙江农村中,除丽水等地的山区外,鲜有严格意义上的留守老人,是留守老人比例最低的地区。四川、湖南、江西、河南等省份的留守老人现象最为严重,由于外出务工的子女大多在沿海城市打工,他们无法承担照顾老人的责任,故农村留守老人的养老问题极为严峻。

（二）湘潭市农村留守老人的区域特点

湘潭市地处湖南省中部,老龄化率高,外出务工人数多,农村留守老人比例高。根据2018年的调研数据,湘潭市农村留守老人比例高达21.3%。作为全国养老服务业综合改革试点城市,湘潭市先后出台并实施了一系列政策措施,为观察和研究留守老人的现状提供了宝贵的样本。但同时,湘潭市留守老人也呈现出明显的地域特征。

1.离城返乡子女少

湘潭市距离长沙较近。青壮年到长沙务工后,能平等享受城市的公共服务,一旦离开湘潭农村,就很少有人愿意再回来。因此,湘潭偏僻乡镇的土地撂荒现象严重,部分村庄极为凋敝。

2.最大问题是缺乏照料

留守老人面临的最大生存压力来源于疾病,担心无人照料。留守老人承受的精神压力极大,恐惧、孤独等情绪难以排遣。

3.居家养老是常态

受传统观念影响,大部分留守老人不愿意谈论将来是否去养老院。即便配偶去世,留守老人也通常独自留在家中,自我照顾。调查数据显示,接近95%的老年人选择居家养老方式,高于全国平均水平。一方面,有大量留守老人亟须照料;另一方面,养老院床位出现大量的闲置。

4.留守老人群体分化

调查显示,留守老人的生活境遇与其子女的经济条件和孝顺程度密切相关。留守老人随着年龄的增长和健康状况的恶化,亟须其他人照顾。调查发现,部分经济条件好的家庭已经把父母接进城,一起生活,对于经济条件相对较差的家庭,老年人则陷入困境中,留守老人之间的差距逐步拉大。

四、农村留守老人养老风险的现实表征

调查中发现,尽管多数农村留守老人经济供养层面的生存需求能够得到满足,但他们在精神慰藉和日常生活照顾方面的需求不断增多,成为困扰

留守老人的重要问题。

(一)农村留守老人情感慰藉匮乏

情感慰藉是人们生活中的基本需要之一,与其他群体相比,农村留守老人心理归属和情感交流需要更为强烈。随着时代的发展,大量农村青壮年劳动力外出打工,老年人留守在家。年轻人的流动迁移减少了他们与家中老年人的相处时间和交流频率,甚至常年难以见面,晚辈对长辈的情感关怀通常只能停留在电话问候与节假日的短暂相聚上,本应由子女承担的养老服务长期处于缺失状态。此外,在广大农村,老年人休闲娱乐方式较为单一、社交范围较小。留守老人往往有较强的孤独感,出现焦虑、失落、抑郁、失眠等问题的概率大于一般老年人。

调查显示,农村留守老人的社会交往对象主要为配偶,其次是邻居、朋友,与其他村民甚至亲戚交流都比较少,几乎不与外界往来。湘潭市的调查数据显示,留守老人交流对象首选配偶的有 174 人,选择和邻居、朋友交流的有 207 人,分别占总人数的 32.6% 和 38.8%(见表 5.7)。在经常交往的朋友和亲戚中,可以每月联系的只有 1—3 个(见表 5.8)。可见,农村留守老人生活交往圈子小,缺少可以倾诉的对象,社会支持度差。与在城市生活的老年人相比,农村留守老人生活较为单调。

表 5.7　农村留守老人聊天对象的选择

聊天对象	人数/人	占比/%
无	99	18.60
配偶	174	32.60
子女	31	5.80
孙辈	5	0.90
邻居	207	38.80
保姆	7	1.30
其他	10	1.90

表5.8　农村留守老人与亲戚、朋友见面或联系的次数

次数	人数/人	占比/%
0	26	4.90
1	228	42.80
2	130	24.40
3	107	20.00
4	20	3.80
5	16	3.00
6	1	0.20
8	2	0.30
9	3	0.60

　　调查中发现,52.7%的湘潭市农村留守老人除了看电视外,几乎没有其他娱乐活动。30.0%的留守老人锻炼身体的方式是散步,16.5%的留守老人会选择与邻居、朋友打牌、下棋来打发时间(见表5.9)。此种情况反过来加剧了留守老人社会交往范围窄、社会支持和沟通情况差等问题,加大了农村留守老人精神慰藉缺失的风险。

表5.9　农村留守老人希望参加的活动

活动	人数/人	占比%
老年活动中心(打牌、下棋等)	88	16.50
老年兴趣培训班(学书法、画画等)	3	0.60
运动健身中心 (散步、做操、打太极拳等)	160	30.00
不参加	282	52.90

(二)农村留守老人安全事件频现

　　由于青壮年大量外出进城,农村风险防御机制较为脆弱,留守老人面临着极大的安全风险。这种安全风险可以进一步细分为内生性风险和外生性风险。前者是指老年人的人身意外风险,如突发疾病、意外跌倒等;后者包括嵌入老年人生活的安全风险,如烫伤、触电、火灾、交通意外等。

1. 内生性风险

湘潭市农村留守老人健康状况调查结果显示,超过半数的老年人需要定期服用药物。随着年龄越来越大,51%的老年人认为自己的身体状况不如从前,需要吃的药越来越多(见表 5.10)。由此可知,农村留守老人健康状况不容乐观,存在较大的安全风险。

在睡眠方面,50.1%的农村留守老人表示睡眠状况一般,25.7%表示晚上入睡难,如表 5.11 所示。留守老人普遍反映睡眠质量不好,虽然晚上睡得早,但会多次惊醒,醒后很难入眠。调查数据显示,大部分农村留守老人受失眠困扰。除此以外,湘潭市农村留守老人表示害怕生病。37.1%农村留守老人表示,他们最担心的是身体出现问题(见表 5.12),丧失劳动能力,住院治疗不仅费用高,还会增加子女负担。因此,留守老人通常有"小病不看、大病拖延"的心理,不能及时就医,病情难以得到及时诊治,健康风险增加。调查中发现,湘潭市农村留守老人存在极大的健康风险,如何防范留守老人内生性健康风险显得尤为重要。

表 5.10 农村留守老人健康自评情况

健康自评情况	人数/人	占比/%
好一些	1	0.20
差很多	110	20.60
差一些	272	51.00
没有太大变化	150	28.10

表 5.11 农村留守老人睡眠情况

睡眠情况	人数/人	占比/%
很差	27	5.10
还可以	102	19.10
一般	267	50.10
总是睡不着	137	25.70

表 5.12　农村留守老人担心的事情

担心的事情	人数/人	占比/%
没什么担心的	44	8.30
生病	198	37.10
没人照顾	47	8.80
孤单	7	1.30
生活没有保障	60	11.30
没有收入	27	5.10
担心子女、孙辈	150	28.10

2.外在性风险

由于子女常年在外,老年人留守家中无人照料,加上年龄大、精力不济,安全防范意识差,非常容易引发安全事故。例如,老年人在家跌倒无人发现;被无良商家欺骗,高价购买残次品等。农村留守老人安全问题突出,如何及时防范尤为重要。农村留守老人外在性风险主要表现为以下几点。

一是农村留守老人身体各项机能退化引发的日常安全隐患。农村留守老人年纪大,基础疾病多,记忆力衰退,增加了日常生活中的风险。调查中发现,有 36.4% 的农村留守老人在爬坡、上楼梯等方面运动困难(见表 5.13),有 57.2% 的农村留守老人存在乘坐交通工具困难,有 19.5% 则完全无法出行(见表 5.14),这些都增加了留守老人的日常安全风险。

二是日常设施使用不当产生的安全风险。农村留守老人接受能力下降,容易在使用新兴家电产品时由于使用不当引发安全隐患。此外,由于记忆力衰退等因素,在用水、用电、用火时极易发生意外,加大农村留守老人的安全风险。

三是农村留守老人容易上当受骗。留守老人普遍文化水平较低,与外界隔绝,一些不法商贩以各种免费名义,诱骗不明真相的老年人购买商品。由于农村留守老人缺乏识别能力,被犯罪分子骗钱的风险极大。

表 5.13　农村留守老人简单运动情况

简单运动情况	人数/人	占比/%
完全做不了	29	5.40
比较困难	165	31.00
不困难	339	63.60

表 5.14　农村留守老人乘坐交通工具情况

乘坐交通工具情况	人数/人	占比/%
不需要	16	3.00
完全做不了	88	16.50
比较困难	217	40.70
不困难	212	39.80

（三）农村留守老人生活照料缺失

随着时间的推移,老年人的身体机能逐渐衰退,患病率也随之升高,生活护理尤为重要。《中国老年人生活质量发展报告(2019)》显示,农村老年人患慢性病的比例高达 85.7%,其中,50.5% 的老年人患有两种或两种以上慢性病,[①] 而留守老人是高患病率人群,需要日常照料和医疗护理。

就居住情况看,调查的湘潭市农村留守老人中,大多数和配偶一起居住,数量达 289 人,因失婚、丧偶独居的老年人有 192 人,两者占总人数的90.2%(见表 5.15),1.9% 的老年人与身患残疾的低龄子女一起居住,7.9% 与兄弟或孙辈居住。湘潭市毗邻湖南省省会长沙,距离广州的高铁车程在 3 小时左右,外出打工的青壮年劳动力极多,留守农村的老年人数量庞大(见表 5.16)。

---

① 党俊武,李晶.中国老年人生活质量发展报告(2019)[M].北京:社会科学文献出版社,2019.

表 5.15　农村留守老人居住情况

居住情况	人数/人	占比/%
独居	192	36.00
只与配偶住	289	54.20
其他(残疾子女)	10	1.90
与子女一起住	0	0.00
其他	42	7.90

表 5.16　农村留守老人子女外出打工情况

子女外出打工情况	人数/人	占比/%
无	54	10.10
常年在外打工	395	74.10
每年外出打工半年以上	77	14.40
偶尔在外打工	2	0.50
在家务农	5	0.90

　　从是否需要照料来看,67.9%的农村留守老人希望得到子女的照顾(见表5.17),对于住养老院和上门护理持排斥态度,仅有极少(5.4%)的老年人表示可以住养老院。虽然子女不在身边,但留守老人依然对子女表示出较大的依恋,在面对紧急情况时,第一求助人为配偶和子女,分别占总人数的74.8%、71.9%。由此可见,家庭成员在农村留守老人生活照料中所起的作用非常大。

表 5.17　农村留守老人倾向的养老方式

倾向的养老方式	人数/人	百分比/%
无	0.12	0.20
家庭养老	362	67.90
上门护理	15	2.80
住养老院	29	5.50
其他	125	23.60

　　综上所述,湘潭市农村留守老人的居住方式以独居或与配偶居住为主,配偶是最主要的照顾者;在养老意愿上,大多数留守老人希望由子女照顾,不愿意住养老机构。留守老人生活照料上的需求很大,且由于子女不在身边,生活安全风险也较大。

　　从调研中可以看出,农村留守老人养老最突出的问题是家庭赡养功能弱化,政府力量缺位,社会力量没有跟上,农村留守老人实际上处于赡养的空白地带。

第六章　农村留守老人养老需求影响因素分析

农村留守老人因个体特征、身体状况、经济状况和家庭结构等方面存在诸多不同,群体内部异质性高,养老诉求存在显著差异。调查显示,许多农村留守老人在调查之初,不能真正认识到在其养老过程中,政府、社会、家庭、个人所应该承担的责任,对养老需求的认知较不清晰。

此外,许多亟须获得养老服务的留守老人,往往在家庭、个人生理或心理上存在非常特殊的因素,导致访谈与问卷调查的进行非常困难。另外,部分留守老人可能由于年龄与认知方面的问题,不能清楚表达自己的需求。

由于农村老年人,尤其是留守老人群体数量大、牵涉面广、诉求差异明显,为其提供养老服务的难度很大,已构成中国社会发展所面临的重大问题。相关解决思路是从供给端着手,深入分析农村留守老人的真实养老需求,在此基础上,通过国家乡村振兴战略层面的统筹谋划,形成政府主导、社会组织等多元主体参与的解决方案。

一、农村老年人养老需求与供给

(一)农村养老服务供给主体

1.养老服务供给主体的类型

随着社会的迅猛发展、经济的高速增长,农村出现空心化,家庭规模缩小,农村养老的需求与供给都在迅速改变。此外,因为许多老年人有长期在城市打工的经历,也受过较为完整的教育,[①]他们的养老需求,明显有别于传统的农民。总体而言,以家庭为供给主体的传统养老供给模式,难以满足现代农村老年人的养老需求。

地方政府受限于经济、财政等因素,虽然是公共资源的主要提供者,却只能提供部分农村养老服务,通过财政补贴和转移支付等方式,为农村老年人提供资金支持。由于财政支出、管理能力、专业人员等原因,地方政府提供的帮助有限,难以满足不同年龄、不同生活境遇的老年人的差异化养老需求。

除了基本的养老需求,还存在诸多类型、内容复杂的养老需求,农村养老服务供给形成了庞大的空白地带。因此,诸如农村社区和集体组织、市场化的养老服务机构、慈善公益组织等社会力量开始自发组织起来,提供相关的养老服务,弥补空白,在农村养老中发挥着重要作用,成为推进农村开展多样化和差异化养老的中坚力量。

2.养老供给主体的职能

历史发展过程中,养老供给主体承担的职能因时而异。在血缘、地缘和业缘交织的传统乡村社会,家庭是养老服务的主要供给者,养老服务强调通过血缘纽带,在家庭内部完成。宗族、邻里和社会福利养老机构则是家庭养老的补充者,如鳏寡孤独、老而无依者的照料,主要依靠宗族的养老资源。随着城镇化的推进,农村聚族而居的生活模式瓦解,家庭结构发生了变化,传统养老模式也发生了变化。另外,在当前农村社会保障体系尚未完善、新的养老模式尚未建立的情况下,家庭养老仍然是目前最适合农村老年人的养老方式,其具备投入低、收益大的特征,并在生活照料、精神慰藉等方面,能更好地满足当前农村老年人的生理与心理需求。

此外,在当代农村中,基于血缘、地缘、业缘而形成的社会资本,在政府的鼓励下,起着完善社会保障体系的作用。许多地方的农村社区,以血缘为纽带、以地缘为连接的农村社会组织,在维护村落共同体和维持家庭养老方面发挥着重要作用。除了社区和社会组织为家庭养老提供必要的补充外,国家在保障农村养老方面的投入也不可或缺,政府提供养老必需的救济与

---

① 穆怀中,陈曦.人口老龄化背景下农村家庭子女养老向社会养老转变路径及过程研究——农村老年人家庭养老偏好影响因素的实证分析[J].中国软科学,2012(12):78-89;田北海,雷华,钟涨宝.生活境遇与养老意愿[J].中国农村观察,2012(2):74-85.

保障资源,承担着养老服务"兜底者"的角色。①

(二)农村老年人养老的真实需求

要对农村养老服务进行供给侧结构性改革,首先要了解农村养老的真实需求。没有需求,供给就无从实现,新的需求可以催生新的供给;没有供给,需求就无法满足,新的供给可以创造新的需求。以往的农村养老服务只关注服务内容,忽略了农村老年人的实际需求,导致部分农村养老服务供给存在失衡与错配。

虽然我国目前农村初步建立了以居家养老为基础、社区为依托,社会力量参与的养老服务体系,但由于"未备先老"和"未富先老",农村养老服务面临着养老服务供需失衡、农村普惠型养老服务供给不足、高端型养老服务供给过剩、社会化养老需求不强等问题。对上述问题从需求端进行分析,可知主要出于下述原因。

1.真实需求被扭曲

在调查中发现,农村养老服务供给普遍存在老年人真实需求扭曲的现象,即农村老年人虽然有养老需要,但却不愿意为此支付费用,真实的需求得不到体现。农村老年人的养老服务问题这些年已然成为学界的焦点,大部分的研究倾向于用问卷调查的方式获取数据,较少采用访谈的方式来了解老年人的真实情感,因而这些数据中到底哪些是老年人真实的需求,还需要进一步查验。

此外,有些需求可能是老年人自身尚未察觉或表达不出来的潜在需求和个性化需求,也需要通过其他方式来甄别。因此,笔者在调研时,采用深入访谈的形式,以期获得农村老年人养老需求的一手资料。

2.忽视个性化需求

既有研究中,农村老年人养老需求的影响因素主要为个人因素和外在因素。在个人因素方面,一般来说,学者普遍认为健康状况对农村老年人养老需求有负向作用,②经济状况、文化水平、年龄③等因素,同样对农村老年

---

① 李俏,郭凯凯,蔡永民.农村养老供给侧改革的结构生态与可能路径:一个文献综述[J].广西社会科学,2016(7):149-153.

② 姚俊,张丽.嵌入性促进、个体性感知与农村居家养老服务需求——基于三省 868 名农村老人的问卷调查[J].贵州社会科学,2018(8):135-141.

③ 武玲娟.农村老年人社区养老服务需求及其影响因素分析——基于第四次中国城乡老年人生活状况抽样调查山东省数据[J].山东社会科学,2018(8):97-103,152.

人养老需求会有影响。学界在探讨这些因素对农村整体养老的影响时,较少进一步分析它们与不同类型养老需求、不同养老供给模式的相关匹配程度,难以区分有效供给与无效供给,无法提高目前农村养老服务的效率。

供给侧结构性改革下的养老服务,需要重点关注养老服务的供给。现有研究大多从静态的角度进行探索,对老年人的共性化养老需求予以研究。为了深入了解农村养老需求及其影响因素,笔者认为应以个体老年人为研究对象,从动态角度探讨养老需求要素的构成及其变化。在充分了解农村老年人需求的前提下,从农村老年人的真实需求出发,根据需求实现供给,提高供给质量,调整养老结构,优化要素资源配置,提高农村养老服务的效率。

二、农村老年人养老需求要素分析

老年人的养老需求不单单是我们常说的获得经济保障,还应该包括生理、内心安全、获得尊重以及自我实现等层次。鉴于此,在充分调研的基础上,为了解农村老年人真实的养老需求,本书中将老年人的养老需求界定为老年人出于生理、心理以及社会生活环境的变化,在老年阶段出现的,需依靠其他社会成员提供的各种物质和非物质的需求。

(一)研究方法

扎根理论是由美国学者格拉泽和施特劳斯提出的一种质性研究方法,在探索社会现象、识别影响因素方面具有显著优势,能提炼出具有较强解释力的农村留守老人养老需求要素。笔者主要围绕特定的研究对象、带着相关的问题进行田野材料搜集,然后对搜集的材料进行开放式、主轴式和选择性三个层度的程序化编码,对从资料中所获得的概念自下而上地进行范畴化,分析概念范畴之间的内在逻辑联系,并进行高度概括或总结,得出关于农村留守老人需求的框架。

典型性或代表性是质性研究中案例选择的重要依据。笔者选择以湖南省湘潭市农村留守老人为研究对象,主要有以下原因:首先,湘潭市位于我国中部地区,区位特征明显,具有一定的代表性。其次,湘潭市获批全国养老服务业综合改革试点城市、全国首批"医养结合"试点单位、全国首批居家和社区养老服务改革试点城市,其养老服务举措有一定典型意义。最后,湘潭市农村留守老人数量多、分布广,数据翔实。

（二）数据采集

资料的收集方式为半结构式的深度访谈，在访谈问题的设计上，除设计具有共性关键词的问题之外，如"身体健康""生活满意度"，还针对不同类型的访谈对象设计具有特定关键词的问题进行访谈，如了解女性留守老人的生活及心理状况等。

考虑到受访对象的年龄和文化程度，在实际的访谈过程中，笔者根据访谈情景对访谈问题进行了相应的调整；在访谈结束后，将访谈语音转写为文字文本，以此作为分析材料。在资料转写或者整理的过程中，当出现录音模糊不清的情况，运用网络、电话等手段进行二次访谈，从而保证材料的客观性与完整性。

笔者从 2018 年 6 月至 2019 年 11 月，按照随机抽样的方式，对湘潭市的农村留守老人进行深度访谈，前后共收集到 53 份深度访谈材料。通过资料整理获得 450 余条具有实质内容的初始语句，以此作为本书研究的扎根编码对象。

（三）编码分析

1.开放式编码

开放式编码主要是对访谈材料进行概念抽取的过程。笔者首先基于访谈材料数据选取关键的信息参考点，并提炼出初始概念，但由于初始概念的理论层次相对较低，且数量繁多、交叉重复等，因此还需要对所得到的初始概念进行概念定义、归属和汇总，从而实现初始概念的范畴化。

通过对访谈资料的分析，将农村留守老人访谈中关于需求的表述抽象出 52 个概念和 12 个范畴；对 12 个范畴按顺序进行二级编码，建立各个范畴之间的联系，12 个范畴通过二次编码转化为 4 个层次。

2.主轴式编码

主轴式编码是将开放式编码所抽象的具体范畴进行归纳与分析，明确核心概念，得出更高理论层次的主范畴，从而提供一个明确的结构框架。通过对具体范畴的类属分析，笔者提炼出需求内容、供给主体、支持方式、历史变化四个主范畴（见表 6.1）。

表 6.1 主轴式编码及主范畴概述

主范畴	范畴	初始概念
需求内容	经济支持	劳作、土地、家庭补贴、养老金、存款、老年福利、人情负担
	医疗服务	患病、治疗、医药费、保健、身体状况
	生活照料	自理、饮食协助、出行协助、生病照料、照料知识、适老环境
	精神慰藉	聊天、亲友交往、社会交往、娱乐活动
供给主体	个人	不需要家人管
	家庭	子女提供生活费、子女照顾、听从子女安排、子女不管
	社区和社会组织	集体活动、慰问、村卫生室、老年活动场所、老年协会
	政府	保障政策、公平、报销比例、补贴
	市场	做护工、收费、养老院、土地出租
支持方式	机构	自愿、无人照顾、服务不好、怕别人说闲话、收费
	社区和居家	开展活动、上门服务、政府补贴
历史变化	需求强度	稳定、变强、变弱

3.选择性编码

选择性编码主要包含核心范畴提炼与主线开发,核心范畴提炼依据主轴式编码形成的主范畴,来确定统筹性、引导性的核心范畴,用以整合前两步编码所得到的范畴。本书对主范畴"需求内容"的内涵及其关系进行统合分析,将老年人的需求结构归纳为经济支持需求、医疗需求、生活照料需求、精神慰藉需求四个核心维度,并应用 SPSS17.0 统计软件进行统计分析(见表 6.2)。

表 6.2 需求内容维度结构

维度	条目数	频次	占比/%
经济支持需求	20	168	43.75
医疗服务需求	13	104	27.08
生活照料需求	10	51	13.28
精神慰藉需求	4	61	15.89
合计	47	384	100

注：$\chi^2 = 118.028, p < 0.05$。

笔者应用 SPSS17.0 统计软件进行统计分析，老年人养老服务需求四个维度及每个维度各条目采用构成比描述，经 χ^2 检验，差异有统计学意义，$p < 0.05$，其中经济支持需求所占比重最大。

经济支持需求。经济支持是农村老年人最基本的需求，是保障基本生活的物质需求，是社会支持的基础，决定了农村老年人的生活水平。通过梳理访谈结果，将经济支持需求分为劳作、土地、家庭补贴、养老金、存款、老年福利、人情负担等七个方面。经 χ^2 检验，差异有统计学意义，$p < 0.05$。

医疗服务需求。随着老年人年龄的增长，机体组织功能的逐渐退化，身体各个系统出现不同程度的生理性衰退。此外，农村老年人生活条件差，医疗卫生意识较差，疾病发生率较高，医疗方面的需求也越来越强烈。通过梳理访谈结果，将医疗需求分为自理、饮食协助、出行协助、生病照料、照料知识、适老环境等六个方面。经 χ^2 检验，差异有统计学意义，$p < 0.05$。

生活照料需求。随着农村老年人年龄的不断增长，可能出现各种身体疾病，他们没有能力很好地照顾自己，经济能力较差使得老年人无力支付市场化的养老服务，生活照料的需求随着农村老年人年龄增长而增强。通过梳理访谈结果，将经济需求分为患病、治疗、医药费、保健、身体状况等五个方面。经 χ^2 检验，差异有统计学意义，$p < 0.05$。

精神慰藉需求。经济与城市化快速发展，更多的农村劳动力外迁，老年人被迫留守农村，子女与老年人之间的沟通交流减少，子女与老年人的关系也发生了变化。农村老年人精神慰藉的需求也在逐渐增长。通过梳理访谈结果，将精神慰藉需求分为聊天、亲友交往、社会交往、娱乐活动等四个方面。经 χ^2 检验，差异无统计学意义，$p > 0.05$。

4.需求内容维度分析

通过访谈记录分析可知,在经济支持需求方面,养老金需求最高,其次是存款、土地、劳作、家庭补贴、人情负担和老年福利(见表6.3)。

表6.3　农村留守老人经济支持需求的具体内容

条目	具体内容	频次	占比/%
劳作	种田,种菜,做家务,在家照顾孙辈	23	13.69
	打零工,做小生意	2	1.19
土地	自己种地	8	4.76
	由子女代耕	0	0.00
	由别人代耕,换取口粮	5	2.98
	由别人代耕,支付报酬	13	7.74
家庭补贴	子女定期给生活费	4	2.38
	子女不定期给生活费	19	11.31
	没有生活费时子女会给	2	1.19
养老金	一次性领取	30	17.86
	认为养老金太少	6	3.57
	认为与城市老年人相比不公平	1	0.60
存款	有存款	9	5.36
	没有存款,只够维持目前生活	16	9.52
	没有欠款	1	0.60
	有欠款	1	0.60
老年福利	享受低保	2	1.19
	享受高龄补贴	8	4.76
	重阳节慰问	0	0.00
人情负担	风气不好,人情负担重,有时还要代替子女还人情债	18	10.70
合计		168	100

注:$\chi^2 = 20.222, p < 0.05$。

　　劳作方面,近 2/3 留守老人有劳作需要,集中在种菜、种田、做家务,部分留守老人帮助子女照顾孙辈;只有个别留守老人根据自己身体情况打零工。

　　土地方面,近 2/3 的留守老人请人代耕土地;自己耕种的不到 1/3。

　　家庭补贴方面,近 2/3 的留守老人"子女逢年过节时不定期给生活费";近 1/6 的留守老人"儿女定期给生活费,有钱用";只有少数留守老人是"没生活费时子女会给"。

　　养老金方面,大部分留守老人都是集中领取,对养老金的依赖度较高。一些老年人认为养老金太少,与城市老年人的退休金相比差距很大。

　　存款方面,一半以上的留守老人"没有存款,只够维持目前生活",只有近 1/3 的留守老人表示有存款,有存款的留守老人比例低于非留守老人。仅有个别老年人表示有欠款。

　　老年福利方面,仅有 2 人因家庭困难享受低保;享受高龄补贴的有8 人。

　　人情负担方面,近 2/3 的留守老人认为"人情负担重",由此可以看出,人情来往增加了留守老人生活的负担。

　　在医疗需求方面,大部分留守老人身体状况较差,需经常吃药,且患有多种慢性疾病。部分老年人视力不好,膝盖疼痛,行动不便,对治疗和医药费的解决需求较高,保健需求较小(见表 6.4)。

表 6.4　农村留守老人医疗需求具体内容

条目	具体内容	频次	占比/%
患病	身体状况较差,需要经常吃药	25	24.04
	患有慢性疾病,如高血压、糖尿病等老年病	15	14.43
治疗	住过院	14	13.46
	能不去医院就不去,因为没有钱治疗	8	7.69
	治病不方便	2	1.92

续表

条目	具体内容	频次	占比/%
医药费	太贵,报销太少,负担不起	11	10.58
	门诊不能报销,经常吃药没有报销	7	6.73
	害怕生病	3	2.89
保健	有小病找村医	1	0.96
	自己不会测量血压、血糖	2	1.92
	饮食不讲究	2	1.92
身体状况	睡眠不好	2	1.92
	头晕、四肢无力、视力不好、走路不方便	12	11.54
合计		104	100

注:$\chi^2 = 40.553$,$p < 0.05$。

在生活照料需求方面,大部分留守老人生活基本能自理,有的老年人需要抚育第三代,相比非留守老人,独自承担第三代扶养任务的留守老人认为责任更大。在生病照料需求方面,有配偶的基本上是配偶照料,遇到住院情况,子女才有可能回来;子女不在身边,经济允许情况下,会请人照料。出行需求方面,基本是走路或搭乘公共交通,在遇到紧急情况下,会寻求子女和邻居帮助。在应急处理需求方面,因不在身边,考虑到留守老人身体情况,子女往往会给他们配备手机,且交代手机不要离身或留有邻居、亲戚号码,以寻求帮助。照料知识和适老环境方面,访谈中,没有留守老年人提及,这是与非留守老人不一样的地方(见表 6.5)。

表 6.5　生活照料需求具体内容

条目	具体内容	频次	占比/%
自理	独居,生活能自理,照顾孙辈	28	54.90
出行协助	一般不出门,出门时会请人接送	3	5.88
	会请人购买日用品、药物和请医生	3	5.88

续表

条目	具体内容	频次	占比/%
生病照料	夫妻陪护	7	13.73
	家人轮流照顾	1	1.96
	子女在医院照顾	4	7.84
	请保姆	2	3.92
照料知识	不知道怎么照顾,照顾起来有困难,没有学过专门知识	0	0.00
适老环境	家里没有马桶,没有轮椅、拐杖等;做饭、上下床不方便;洗澡不方便;没有空调	0	0.00
应急处理	临时有事会找邻居帮忙,或打电话给子女	3	5.880
合计		51	100

注:$\chi^2 = 78.198$,$p < 0.05$。

精神慰藉需求方面,留守老人最关心的是聊天需求。聊天对象除了配偶外,就是在外的子女,会与子女打电话,电话内容一般是谈论身体及近况,有抚养第三代任务的,子女会了解孩子情况。留守老人还较为关注娱乐活动,但形式较为单一,打牌、看电视是主要活动。在社会交往需求方面,大部分留守老人表示村里和老年协会组织的活动较少,也几乎不去参加。相较非留守老人,留守老人群体的社会交往更少。在亲友交往需求方面,因子女不在家,老年人行动不便等,亲戚之间走动较少(见表6.6)。

表6.6　农村留守老人精神慰藉需求具体内容

条目	具体内容	频次	占比/%
聊天	交流主要依靠电话,子女主要询问老年人身体和儿童情况。较少主动找邻居聊天,一般不涉及私密话题	23	37.70
娱乐活动	打牌、跳广场舞、逛集市,在家里看电视等	22	36.07
社会交往	老年协会活动较少,除了重阳节,一般没有其他集体活动	16	26.23
亲友交往	有时有人来探视、打电话询问,生病时亲属一般会来看望,和亲属之间有来往	0	0.00
合计		61	100

注:$\chi^2 = 38.048$,$p < 0.05$。

5.结论与讨论

在对湘潭市农村留守老人的深度访谈分析中,基于扎根理论的具体范畴类属分析,笔者提炼出需求内容、供给主体、支持方式、历史变化四个主范畴。通过对需求内容的主范畴、核心范畴、下属范畴的分析,从历史变化维度看,农村养老服务基本上以家庭照料为主,居家养老是最受欢迎的养老方式;经济供养需求呈多样化,单一化需求强度在减弱,表现为对养老金、存款、土地、劳作、家庭支持等多方面的需求;医疗和精神方面的需求大幅增加,说明留守老人的需求层次不断提高、内容不断增加。

从供给主体来看,留守老人养老服务的主要提供者依次为个人、家庭、政府和社区、社会组织。家庭依然是农村养老服务最重要的来源,但政府占比逐年提升,社会组织偶有介入,市场化所起作用极其有限。

从需求和供给来看,留守老人的养老服务供需共性多于个性。农村老年人在很多方面大体相似,无本质区别。然而这并不意味着我们可以忽略这种差异性,不同群体的需求差异恰是研究农村养老服务供给的重点所在。在养老服务的供给中,个体差异造成了养老服务需求和供给的共同性与差异性,在养老服务供给中应针对不同群体联动考虑,综合施策。

基于此,为了更加清晰地了解农村留守老人个体需求差异与养老意愿之间的关系,本章进一步开展数据分析,通过了解影响留守老人养老意愿的重要因素,以此明确农村留守老人的养老需求,完善农村留守老人的养老服务。

三、基于个体需求差异的农村留守老人养老意愿影响因素

（一）模型选择

1.文献回顾

留守老人个体需求的差异,对其选择何种养老模式有一定影响。研究显示,除经济收入外,个体特征也会对老年人养老模式的选择产生影响。[1]有学者发现个体特征、身体健康、生活环境等与农村老年人养老方式的选择密切相关。[2]

---

[1]　宋宝安.农村失能老人生活样态与养老服务选择意愿研究——基于东北农村的调查[J].兰州学刊,2016(2)：137-143.

[2]　陶涛,丛聪.老年人养老方式选择的影响因素分析——以北京市西城区为例[J].人口与经济,2014(3):15-22.

　　受儒家孝文化的影响,个人伦理与社会伦理相结合的家庭养老模式是传统中国社会的必然养老方式。随着人口老龄化和家庭规模小型化,传统的家庭支持系统受到冲击,家庭支持功能弱化,导致老年人选择机构或社区养老。[①] 学者对中国老年社会追踪调查数据的分析研究发现,家庭支持、朋友支持、健康专业指导等对老年人心理健康起到积极的保护作用,其对老年人的精神心理健康存在直接的正向效应,这些都左右着老年人的养老意愿,影响着老年人的养老选择。[②] 有基本养老保险的老年人入住养老院的意愿明显高于无养老保险的老年人。[③] 经济收入、社会保障状况也是影响老年人养老意愿的重要因素,经济收入越高、社会保障越好,老年人就越有可能选择机构养老。因为社会保障水平较低的老年人,获得的实际支持有限,更容易担心受到歧视,而选择自我封闭、远离社会,不愿意选择养老机构的集体生活。[④]

　　在有关老年人养老意愿选择的研究中,针对农村老年人养老意愿影响因素的成果较多,但大多以农村非留守老人为研究对象展开讨论,针对农村留守老人这一特定群体的研究成果较少,尤其缺乏从农村留守老人的个体需求出发,分析其个体的社会支持网络对养老模式选择的影响。基于此,本书以农村留守老人为研究对象,以社会支持与健康自评状况为切入点,分析社会支持、健康自评对农村留守老人养老意愿的影响,通过分析农村养老服务的可及性,调动农村老年人的养老社会资源,强化农村养老服务供给各主体的职能,从而提升农村养老服务供给质量。

(二)安德森模型

1.理论模型介绍

　　安德森模型(Anderson theoretical model)是由美国学者安德森创立并广泛运用于医疗卫生服务领域的研究模型,该模型被国际医学社会学和医

---

① 瞿小敏.社会支持对老年人生活满意度的影响机制——基于躯体健康、心理健康的中介效应分析[J].人口学刊,2016(2):49-60.

② 唐丹,徐瑛.应对方式、社会网络对留守老人抑郁症状的作用及机制分析[J].人口研究,2019,(5):54-65.

③ 纪竞垚.家庭照料对老年人机构养老意愿的影响——基于CLASS数据的实证分析[J].调研世界,2019,12(1):17-22.

④ 刘西国.代际经济支持健康效应检验[J].西北人口,2016,37(1):45-51.

疗卫生服务领域认为是近 50 年来最为权威的医疗卫生服务模式。[①] 该模型最重要的一个特征是基于变量来分析卫生服务的可及性,起初用于分析医疗服务利用行为,后经过多次完善和检验,被认定为是分析个体卫生服务行为和医疗方式选择行为的权威模型,同时将模型应用在养老意愿与养老模式选择的研究中也显示出较高的适用性。[②]

该模型将影响个体卫生服务利用行为的因素划分为倾向因素(predisposing)、使能因素(enabling)、需求因素(need)三类。[③] 倾向因素是指个体的基本特征,包括人口学特征(性别、年龄等)和社会结构特征(职业、受教育程度等)两方面的变量;使能因素指个体获取行为的能力,包括经济状况(收入情况、收入来源等)、家庭资源(子女数量、子女关系等);需求因素指个体健康服务的需要,包括感知需求(身体健康状态的感知、医疗服务的需求等)和评估需求(生活状态的评价、临床医疗的评估等)。[④] 三个因素之间相互影响,并以此作用于个体卫生服务利用选择行为上(见图 6.1)。

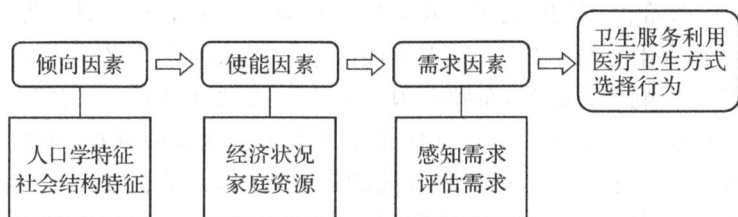

图 6.1　安德森行为模型

在国外的研究中,安德森模型已被多次应用于探究与个人健康相关的影响因素研究中,其中包含疾病排查、医疗卫生服务选择、药物选用、心理治疗服务等方面的研究。奥根辛亚等运用安德森模型对美国男性使用前列腺癌排查的医疗行为进行了分析,通过 Logistic 回归模型对 10 多万名男性的

① 李月娥,卢珊.医疗卫生领域安德森模型的发展、应用及启示[J].中国卫生政策研究,2017(10):77-82.

② 程晓钰,周芬华,李叶芳.基于安德森模型的上海市远郊区老年人养老模式选择意愿及影响因素分析[J].华南预防医学.2022,48(1):1-6.

③ 王沛,刘军军.基于安德森模型的多重慢病患者就医机构选择及影响因素研究[J].中国全科医学,2020,23(25):3154-3159.

④ 卢珊,李月娥.Anderson 医疗卫生服务利用行为模型:指标体系的解读与操作化[J].中国卫生经济,2018,37(9):5-10.

使用数据进行了剖析,明确了这一医疗行为的影响因素包括年龄、教育水平、收入、就业状况等。[1] 罗等以安德森模型为理论框架,通过对5000余名澳大利亚女性老年人医疗保健费用与其他信息的调查,研究女性老年人关节炎的医疗成本的影响因素,发现影响女性老年人关节炎医疗成本的因素主要有个人居住地差异、健康保险覆盖比例、补充替代药物的使用及自身健康差异。[2] 安德森模型在国外广泛使用与验证,被认定为卫生服务研究领域最具权威性的研究模型,可以更系统更全面地分析医疗卫生服务利用行为及影响因素,提高研究全面性与严谨性,对提高卫生服务的利用效率具有重要意义,因此得到学界广泛认可,成为解释和预测医疗卫生行为的首选模型。

相较国外的研究,国内应用安德森模型的研究集中在对模型框架的介绍与阐述、老年人护理服务使用分析、自我医疗情况分析、养老模式选择意向等方面。[3] 李月娥、卢珊建议在使用安德森模型进行研究时要结合分析内容调整模型,充分考虑分析路径、变量选择、分析方法等,以便更好进行实证分析。[4] 彭希哲、宋靓珺、黄剑煜运用安德森模型对老年人日常照料方式选择的影响因素进行了分析,发现使能因素与需求因素对老年人选择不同照料方式的影响较为显著,而倾向因素对老年人选择照料方式的影响并不显著。[5] 王静、吴明对北京某城区居家中重度失能老人的调查,通过 t 检验精准找出影响失能老人选择护理方式的相关因素,并结合安德森模型对影响失能老人护理方式选择意愿进行了研究。[6]

相关成果显示安德森模型能较全面地分析个人卫生服务利用行为及其

① Ogunsanya M E, Jiang S, Thach A V, et al. Predictors of prostate cancer screening using Andersen's behavioral model of health services Use[J]. urologic Oncology, 2016, 17(3):14-18.

② Lo T K T, Parkinson L, Cunich M, et al. Factors associated with the health care cost in older Australian women with arthritis: An application of the Andersen's aehavioural model of health services use[J]. Public Health, 2016, 13(4):64-71.

③ 刘静,曾渝,黑启明. 基于安德森模型的社区老年人健康管理服务效果评价指标体系构建研究[J]. 中华健康管理学杂志. 2017,11(3):222-227.

④ 李月娥,卢珊. 安德森模型的理论构建及分析路径演变评析[J]. 中国卫生事业管理,2017,34(5):324-327.

⑤ 彭希哲,宋靓珺,黄剑煜. 中国失能老人长期照护服务使用的影响因素分析——基于安德森健康行为模型的实证研究[J]. 人口研究,2017,41(4):46-59.

⑥ 王静,吴明. 北京市某城区居家失能老年人长期护理方式选择的影响因素分析[J]. 中国全科医学,2008,11(23):2157-2160.

影响因素,是针对卫生服务利用行为开展研究的首选模型。养老意愿的选择与卫生服务利用选择具有共通性,特别是在选择具体养老方式时老年人需要和选择卫生服务一样考虑自身情况、经济状况、家庭资源等倾向、使能、需求方面因素。因此,笔者选择安德森模型作为研究的主要分析框架。

鉴于安德森模型在分析养老意愿方面显示出较高的适用性,其理论框架和变量体系,能较为全面地认识老年人养老选择的影响因素。同时,安德森模型中的使能因素、需求因素与社会支持情况、健康自评状况有较高的契合度,使能因素所体现的经济状况、家庭资源因素与社会支持所研究因素有相通之处,需求因素所体现的感知需求、评估需求与健康自评所研究的因素等也有相似之处,能更好地认识农村留守老人养老意愿。

基于此,笔者以安德森模型为分析框架对农村留守老人养老意愿选择进行研究,联合倾向因素、使能因素、需求因素三个方面,拟从农村留守老人的基本情况、社会支持情况、健康自评状况三方面着手,结合数据分析,在充分把握农村留守老人养老意愿的基础上,系统地探究社会支持、健康自评对农村留守老人养老意愿的影响及其作用机理,进一步分析农村留守老人对养老服务的需求,探求社会组织参与农村养老服务供给侧结构性改革的可行性。

2.研究分析框架

安德森模型至今已发展成包含情景特征、个人特征、医疗行为、医疗结果等多维度的复杂模型,因此笔者运用安德森模型对农村留守老人养老意愿的影响因素进行探究,综合研究变量与模型变量构建研究的理论框架(见图 6.2)。本章针对留守老人养老意愿的研究只用到个人特征、医疗行为两个维度的要素,其中个人特征对应影响农村留守老人养老意愿的倾向因素、使能因素、需求因素,医疗行为对应农村留守老人的养老意愿。同时将个人特征的三个要素与问卷调查中的农村留守老人对应,倾向因素对应基本情况、使能因素对应社会支持情况、需求因素对应健康自评状况,分析各因素之间相互作用的关系与对农村留守老人养老意愿的影响。

(三)研究设计

1.数据来源

本章数据来源于全国 10 个省市调研数据,作为对湖南省湘潭市留守老人研究的对照,笔者从调研数据中随机选取了留守老人较多、经济与社会发展状况与湖南类似的江西、四川、重庆等省市,总计 258 份样本来进行研究。

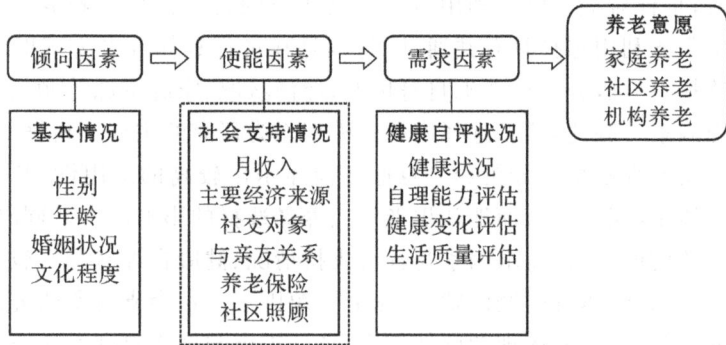

图 6.2　本书的安德森模型

（1）变量设计。被解释变量（因变量）：养老意愿。笔者将农村留守老人的养老意愿划分为家庭养老、社区养老、机构养老三种，在调查问卷中以"当您需要其他人照料时，以下方式，您最喜欢哪一种"体现，选项设置为家庭养老（由子女及其他家庭成员照顾）、社区养老（由村组提供护理、照料等上门服务）、机构养老（住养老院等）三个分类变量，并对其进行赋值处理，取值为1表示养老意愿为家庭养老，取值为2表示养老意愿为社区养老，取值为3表示养老意愿为机构养老。

解释变量：基于安德森模型的研究框架，解释变量主要包含倾向因素、使能因素、需求因素三组变量，结合以往研究文章与我国农村地区的文化背景，笔者将倾向、使能、需求三组因素与农村留守老人的基本情况、社会支持情况、健康自评状况三组变量结合关联，其中倾向因素对应基本情况，使能因素对应社会支持情况，需求因素对应健康自评状况。基本情况变量组，选取问卷中A1性别、A2年龄、A3婚姻状况、A5文化程度四个问题来体现，将"未婚、离婚、丧偶"划分为无配偶进行赋值，"同居、已婚、分居未离婚"划分为有配偶进行赋值。社会支持情况变量组，通过选取问卷中C1月收入、C2主要经济来源、C4社区照顾情况、D1主要社交对象、E1养老保险、G与子女关系等六个问题体现。根据数据分布情况，将C1中1、2选项，4、5、6、7、8选项合并进行赋值；在D1中将2、3、4、5、6、7归为"子女亲属"类进行赋值分析；G与子女关系通过问卷得分进行赋值：0—6分关系为"极差"赋值为1,6—12分关系为"较差"赋值为2,12—18分关系为"一般"赋值为3,18—24分关系为"较好"赋值为4,24—30分关系为"极好"赋值为5。健康自评状况变量组选取B1身体健康状况、B2 健康状况变化评估、B3 生活质量评价、G 自理能力评估等四个问题来体现,其中 G 自理能力评估根据得分进行划分赋值,其中得分＜20分划为"完全依赖"赋值为 1,20—30 分为"需要较大帮助"赋值为 2,30—40分为"需要部分帮助"赋值为 3,得分＞40 为"完全独立"赋值为 3。详细变量划分与赋值如表 6.7 所示。

表 6.7　变量赋值

变量名称	赋值说明
养老意愿	家庭养老＝1,社区养老＝2,机构养老＝3
性别	女性＝0,男性＝1
年龄	60—65 岁＝1,65—70 岁＝2,70—75 岁＝3,75—80 岁＝4,80 岁及以上＝5
婚姻状况	无配偶＝0,有配偶＝1
文化程度	不识字或识字少＝1,小学＝2,初中＝3,高中、中专或职高＝4,大专及以上＝5
月收入	0—500 元＝1,500—1000 元＝2,1000 元及以上＝3
主要经济来源	无稳定来源＝1,自食其力＝2,子女支持＝3,政府补贴＝4
养老保险	无＝0,有＝1
与子女关系	极差＝1,较差＝2,一般＝3,较好＝4,极好＝5
主要社交对象	配偶＝1,子女亲属＝2,邻里＝3,村干部＝4,其他＝5
社区照顾情况	没接受过社区照顾＝0,接受过社区照顾＝1
身体健康状况	疾病状况不稳定＝1,疾病状况稳定＝2,十分健康＝3
自理能力评估	完全依赖＝1,需要较大帮助＝2,需要部分帮助＝3,完全独立＝4
健康状况变化评估	差很多＝0,差一些＝1,没有多大变化＝2,好一些＝3,好很多＝4
生活质量评价	极差＝1,差＝2,一般＝3,好＝4,极好＝5

(2)研究假设。养老意愿与养老服务利用具有共通之处,特别是在选择具体养老方式时也需要考虑护理、治疗等方面的需求,因此使用安德森模型的理论框架研究农村留守老人养老意愿是科学合理的。笔者综合考察了相关文献及我国文化与社会背景,将安德森模型中的各因素变量与社会支持

情况、健康自评状况等因素对应,构建更为准确完善的理论分析模型。

结合上文对有关农村老人养老意愿研究的整理归纳,我们可以发现社会支持情况与农村留守老人的养老意愿存在联系,如家庭对老年人养老支持的减弱会推动老年人选择机构养老,养老保险也会左右着老年人的养老意愿,经济状况与社会保障是影响老年人养老意愿的重要因素,子女的情感支持对老年人晚年的养老选择有重大影响。有研究发现,社会支持情况会对老年人的社会养老意愿产生负向影响,即社会支持情况越好,其选择社会养老的意愿就越低。[①] 基于以上结论,笔者做出如下假设。

假设1:社会支持情况对农村留守老人养老意愿具有显著影响。

假设1.1:月收入对农村留守老人养老意愿有显著影响,月收入越低,留守老人越倾向于家庭养老。

假设1.2:主要经济来源对农村留守老人养老意愿有显著影响,收入不稳定及自食其力的留守老人更倾向于家庭养老。

假设1.3:参与养老保险对农村留守老人养老意愿有显著影响,没有养老保险的更倾向于家庭养老。

假设1.4:与子女的关系对农村留守老人养老意愿有显著影响,与子女关系越好的,越倾向于家庭养老。

假设1.5:主要社交对象对农村留守老人养老意愿有显著影响,主要社交对象是子女亲属的更倾向于家庭养老。

假设1.6:社区照顾情况对农村留守老人养老意愿有显著影响,没接受过社区照顾的留守老人更倾向于家庭养老。

健康自评是老年人对自身健康水平的综合性主观评价。研究表明,身体状况差异对老年人养老意愿有显著影响,身体状况越好的老年人,社会化养老意愿就越高;生活满意度与养老意愿之间存在正向的关系,生活满意度越高的老年人越愿意选择社会化养老方式。研究发现,随着老年人身体机能的下降、慢性疾病的增多,自理能力也处在下滑状态,自理能力越差的老年人越愿意选择社区养老、机构养老等其他类型的养老模式。[②] 张文宏、张君安在有关老年人健康自评的研究中,也认识到老年人主观上对健康的评

---

① 钟曼丽.农村留守老人生存与发展状况研究——基于湖北省的调查[J].湖北社会科学,2017(1):72-78.

② 杨小娇,汪凤兰,张小丽,等.健康自评和孤独感对老年人健康促进行为的影响[J].中国老年学杂志,2020,40(18):93-95.

价会对其养老意愿产生影响,自我认知健康水平越好的老年人越愿意选择家庭养老。[①] 基于以上结论,笔者提出以下假设。

假设2:健康自评状况对农村留守老人养老意愿有显著影响。

假设2.1:身体健康状况对农村留守老人养老意愿有显著影响,身体健康的留守老人更倾向于家庭养老。

假设2.2:自理能力评估对农村留守老人养老意愿有显著影响,自理能力越好的留守老人越倾向于家庭养老。

假设2.3:健康状况变化对农村留守老人养老意愿有显著影响,健康状况变化越平稳的留守老人越倾向于家庭养老。

假设2.4:生活质量评价对农村留守老人养老意愿有显著影响,自评生活质量好的留守老人倾向于家庭养老。

社会支持是个体从其所拥有的社会关系中获得的精神上和物质上的支持,而健康自评是个体对自身生理健康、心理健康和社会功能方面的综合性评估。研究发现,收入水平越高的老年人,其健康自评越好;健康自评状况与社会参与度关系显著,社会参与程度越高的老年人,其健康自评越好;邻里关系越和谐、所受社会支持越多的老年人,其健康自评越好。[②] 从安德森模型中,我们认识到其中使能因素通过需求因素对个人行为选择有间接影响,据此提出笔者第三个假设。

假设3:农村留守老人社会支持情况对其健康自评状况有显著影响,进而影响农村留守老人的养老意愿。

3.问卷信度效度分析

运用SPSS 23.0工具对整体问卷信度进行检验,整个问卷Cronbach's α 系数为0.803,表明问卷信度较好,可以进行分析与研究。采用因子分析检验问卷效度,运用KMO统计量与Bartlett's球形检验验证问卷是否合适做因子分析,得出KMO值为0.742,Bartlett's球形检验值为866.489($p<$ 0.001)。问卷效度合适,适合做因子分析。

2.样本基本信息描述

(1)农村留守老人基本情况。本次研究一共抽取258名农村留守老人,

① 张文宏,张君安.老年人健康自评差异的影响因素研究——基于虚拟情境锚定法的CHOPIT模型分析[J].东岳论丛,2020,41(4):60-70.
② 高凯,姜茂敏,崔倩倩,等.社会支持对上海市不同年龄段老年人健康的影响[J].中国健康教育,2021 (2):170-174.

数据来源于全国 10 个省市、53 个村的问卷,从中随机抽取的四川、江西等省市的样本。样本中男性 193 人,占 74.8%,女性 65 人,占 25.2%;年龄在 60—65 岁有 91 人,占 35.3%,65—70 岁有 57 人,占 22.1%,70—75 岁有 44 人,占 17.1%,75—80 岁有 36 人,占 14.0%,80 岁及以上有 30 人,占 11.6%;其中有配偶的农村留守老人有 133 人,占 51.6%,无配偶的有 125 人,占 48.4%。在调查的所有农村留守老人中,有 57 人不识字或识字少,占 22.1%,有 144 人上过小学,占 55.8%,有 46 人上过初中,占 17.8%,有 11 人上过高中或职高,占 4.3%。

(2)农村留守老人社会支持情况。调查结果显示,农村留守老人月收入 0—500 元的有 91 人,占 35.3%;月收入 500—1000 元的有 78 人,占 30.2%;月收入 1000 元及以上的有 89 人,占 34.5%;约 4.7%的老年人无稳定的收入来源,约 29.1%的老年人主要收入来源为自己,约 10.5%的老年人主要收入来源为子女,约 55.8%的老年人主要收入来源为政府补贴。共有 251 位老年人参与养老保险,占 97.3%;仅有约 2.7%的老年人未参与养老保险。主要社交对象是配偶的老年人为 51 人,占 19.8%;主要社交对象是子女的老年人为 36 人,占 14.0%;主要社交对象是邻居的老年人为 79 人,占 30.6%;主要社交对象是村干部的老年人为 87 人,占 33.7%;主要社交对象为其他的老年人为 5 人,占 1.9%。在调查的农村留守老人中与子女关系极差的有 18 人,占 7.0%;与子女关系较差的有 24 人,占 9.3%;与子女关系一般的 129 人,占 50%;与子女关系较好的有 29 人,占 11.2%;与子女关系极好的有 58 人,占 22.5%。在社区照顾方面,约 47.3%的农村留守老人表示未受到过社区的照顾,约 52.3%的农村留守老人表示接受过社区的照顾。

(3)农村留守老人健康自评状况。在对农村留守老人身体健康状况的调查中发现,疾病状况不稳定的老年人有 45 人,占 17.4%;疾病状况稳定的老年人有 128 人,占 49.6%;身体健康,无重大疾病的老年人共有 85 人,占 32.9%。在所有调查对象中,有 8 人表示自己无自理能力,需完全依赖他人;有 39 人表示需要部分依赖他人,剩下 211 人表示自己有完全独立能力,不需要依赖他人。在健康状况变化的评价中,有 40 人认为自己的健康状态相较去年差了很多,有 82 人认为自己的健康状态差了一些,有 121 人认为自己的健康状态没什么变化,有 13 人认为自己的健康状态好了一些,有 2 人认为自己的健康状态好了很多。在所有调查对象对生活质量的评价中,20 位老年人认为自我生活质量极差,52 位老年人认为自我生活质量较差,101 位老年人认为自己生活质量一般,67 位老年人认为自己生活质量较好,18 位老年人认为自己生活质量极好(见表 6.8)。

表 6.8　农村留守老人健康自评情况描述统计

变量	分类	人数/人	占比/%
身体健康状况	疾病状况不稳定	45	17.4
	疾病状况稳定	128	49.6
	无重大疾病	85	32.9
自理能力评估	完全依赖他人	8	3.1
	部分依赖他人	39	15.1
	完全独立	211	81.8
健康状况变化	差很多	40	15.5
	差一些	82	31.8
	没什么变化	121	46.9
	好一些	13	5.0
	好很多	2	0.8
生活质量评价	极差	20	7.8
	较差	52	20.1
	一般	101	39.1
	较好	67	26.0
	极好	18	7.0

(4)农村留守老人养老意愿。在对农村留守老人养老意愿的调查中发现,家庭养老仍是农村留守老人最倾向的养老方式。在 258 位农村留守老人中,205 位老年人的养老意愿为家庭养老,有 35 位老年人的养老意愿为机构养老,愿意选择社区养老的老年人仅有 18 人(见图 6.3)。

四、农村留守老人养老意愿的单因素分析

(一)基本情况影响农村留守老人养老意愿的单因素分析

在基本人口学特征方面,不同性别、不同婚姻状况、不同文化程度的农村留守老人在养老意愿方面有显著的差异。可以发现,60—65 岁的农村留守老人社区养老的意愿更高,约占 44.44%,其机构养老的意愿(28.57%)

也高于其他年龄层的老年人。有配偶的农村留守老人选择家庭养老的意愿（59.02%）显著高于没有配偶的老人，且高于其他类型的养老方式。文化程度为不识字或识字少的老年人的机构养老意愿（62.86%）高于其他文化程度的老年人（见表6.9）。

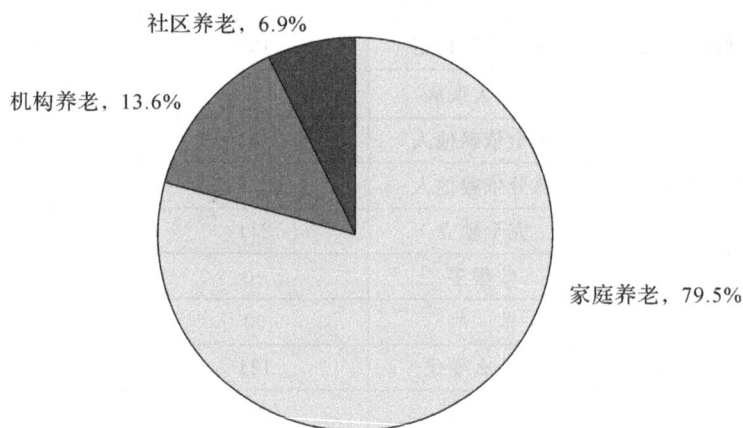

图 6.3　农村留守老人养老意愿

表 6.9　具有不同基本情况的农村留守老人养老意愿

变量	分类	家庭养老		社区养老		机构养老		χ^2/H	p
		N	%	N	%	N	%		
性别	男	62	30.24	1	5.56	2	5.71	13.504	0.001*
	女	143	69.76	17	94.44	33	94.29		
年龄	60—65 岁	73	35.61	8	44.44	10	28.57	3.994	0.064
	65—70 岁	45	21.95	5	27.78	7	20.00		
	70—75 岁	36	17.56	1	5.56	7	20.00		
	75—80 岁	29	14.15	2	11.11	5	14.29		
	80 岁及以上	22	10.73	2	11.11	6	17.14		
婚姻状况	有配偶	121	59.02	10	55.56	31	88.57	27.507	0.000*
	无配偶	84	40.98	8	44.44	4	11.43		

续表

变量	分类	家庭养老		社区养老		机构养老		χ^2/H	p
		N	%	N	%	N	%		
文化程度	不识字或识字少	35	17.07	0	0.00	22	62.86	42.324	0.000*
	小学	123	60.00	12	66.67	9	25.71		
	初中	38	18.54	5	27.78	3	8.57		
	高中或职高	9	4.39	1	5.56	1	2.86		

注：* 表示 $p<0.05$，差异具有统计学意义。

（二）社会支持情况影响农村留守老人养老意愿的单因素分析

在社会支持情况方面，月收入水平、主要经济来源、是否参与养老保险、主要社交对象、与子女关系、是否接受过社区照顾都对农村留守老人养老意愿有显著的影响。月收入 500—1000 元的农村留守老人选择家庭养老的比例为 23.41%，月收入 500—1000 元的老年人选择机构养老的比例更高（82.86%）。无稳定收入来源的留守老人不会选择机构养老，而靠政府补贴的老年人（85.71%）更愿意选择机构养老。同时我们可以发现主要社交对象是邻居与村干部的农村留守老人更愿意选择社区养老，而与村干部关系更好的留守老人选择机构养老的意愿高达 65.71%。与子女关系一般的留守老人选择社区养老的意愿是最高的（53.17%），而选择机构养老的农村留守老人中 40% 表示与子女关系较好。接受过社区照顾的留守老人选择社区养老（61.11%）与愿意接受机构养老（91.43%）的比例均远高于没有接受过社区照顾的留守老人（见表 6.10）。

表 6.10　社会支持情况不同的农村留守老人养老意愿

变量	分类	家庭养老		社区养老		机构养老		χ^2/H	p
		N	%	N	%	N	%		
月收入	0—500 元	79	38.54	10	55.56	2	5.71	56.476	0.000*
	500—1000 元	48	23.41	1	5.56	29	82.86		
	1000 元以上	78	38.05	7	38.89	4	11.43		

续表

变量	分类	家庭养老		社区养老		机构养老		χ^2/H	p
		N	%	N	%	N	%		
主要经济来源	无稳定收入	10	4.88	2	11.11	0	0.00	18.954	0.004*
	自己	65	31.71	6	33.33	4	11.43		
	子女	26	12.68	0	0.00	1	2.86		
	政府补贴	104	50.73	10	55.56	30	85.71		
养老保险	已参保	4	1.95	2	11.11	1	2.86	5.263	0.072
	未参保	201	98.05	16	88.89	34	97.14		
主要社交对象	配偶	48	23.41	1	5.56	2	5.71	24.016	0.002*
	子女	31	15.12	3	16.67	2	5.71		
	邻居	64	31.22	7	38.89	8	22.86		
	村干部	57	27.80	7	38.89	23	65.71		
	其他	5	2.44	0	0.00	0	0.00		
与子女关系	极差	15	7.32	2	11.11	1	2.86	37.358	0.000*
	较差	22	10.73	1	5.56	1	2.86		
	一般	109	53.17	10	55.56	10	28.57		
	较好	14	6.83	1	5.56	14	40.00		
	极好	45	21.95	4	22.22	9	25.71		
社区照顾情况	没有接受过	113	55.12	7	38.89	3	8.57	26.568	0.000*
	接受过	92	44.88	11	61.11	32	91.43		

注：* 表示 $p < 0.05$，差异具有统计学意义。

（三）健康自评状况影响农村留守老人养老意愿的单因素分析

在健康自评状况方面，老年人身体健康状况、自理能力评估、健康状况变化及生活质量评价都对养老意愿的差异有统计学意义的影响。身体健康状况稳定的留守老人（50.73%）选择家庭养老的意愿比身体健康状况不稳定的留守老人（14.15%）要更高。自理能力较好的农村留守老人在养老方式的选择上有更多的空间与自由；健康状态比上一年差很多的留守老人

（65.71%）选择机构养老的可能性要高于健康状态变好的老人；生活质量评价更高的留守老人选择家庭养老与社区养老的比例较高（见表6.11）。

表6.11　健康自评不同的农村留守老人养老意愿

变量	分类	家庭养老		社区养老		机构养老		χ^2/H	p
		N	%	N	%	N	%		
身体健康状况	不稳定	29	14.15	2	11.11	14	40.00	15.416	0.004*
	稳定	104	50.73	9	50.00	15	42.86		
	无重大疾病	72	35.12	7	38.89	6	17.14		
自理能力评估	完全依赖他人	8	3.90	0	0.00	0	0.00	35.803	0.000*
	部分依赖他人	35	17.07	2	11.11	2	5.71		
	完全独立	162	79.02	16	88.89	33	94.29		
健康变化状况	差很多	15	7.32	2	11.11	23	65.71	39.233	0.000*
	差一些	69	33.66	8	44.44	5	14.29		
	没什么变化	110	53.66	4	22.22	7	20.00		
	好一些	10	4.88	3	16.67	0	0.00		
	好很多	1	0.49	1	5.56	0	0.00		
生活质量评价	极差	17	8.29	1	5.56	2	5.71	29.849	0.000*
	较差	48	23.41	1	5.56	3	8.57		
	一般	65	31.71	9	50.00	27	77.14		
	较好	59	28.78	5	27.78	3	8.57		
	极好	16	7.80	2	11.11	0	0.00		

注：* 表示 $p<0.05$，差异具有统计学意义。

五、农村留守老人养老意愿的多因素分析

（一）Logistic 回归分析模型

以安德森模型为理论框架，将基本情况、社会支持情况、健康自评状况逐个纳入模型进行分析，共构建了3个模型：模型Ⅰ只纳入了基本情况，模型Ⅱ在基本情况的基础上加入了社会支持情况，模型Ⅲ将基本情况、社会支

持状况、健康自评状况三组因素一同纳入模型。通过进行三次 Logistic 回归，探究三个因素的影响差异。

模型 Ⅰ：$Y1 = \alpha1 + \beta1X$ 基本情况 $+ \varepsilon1$

模型 Ⅱ：$Y2 = \alpha2 + \beta1'X$ 基本情况 $+ \beta2X$ 社会支持 $+ \varepsilon2$

模型 Ⅲ：$Y3 = \alpha3 + \beta1''X$ 基本情况 $+ \beta2'X$ 社会支持 $+ \beta3X$ 健康自评 $+ \varepsilon3$

其中：Y 为因变量，α 为常数项，$\beta1$、$\beta2$、$\beta3$ 为偏回归系数，X 为自变量，ε 为误差项。

以农村留守老人养老意愿作为因变量，将家庭养老意愿赋值为1，社区养老意愿赋值为2，机构养老意愿设为参照组，以基本情况、社会支持情况、健康自评状况三组中的变量为自变量，采用无序多分类 Logistic 回归分析模型探究农村留守老人养老意愿的影响因素，自变量与因变量均以最后一个为对照组。

在模型拟合度方面，从 Nagelkerke R^2 的增幅可以看出在加入社会支持情况因素后，解释力增幅较大，而加入健康自评状况因素后解释力增幅较小，可以推断社会支持情况对留守老人养老意愿的影响更大，同时基础情况与健康自评对养老意愿也有重大影响作用。$-2LL$ 值的逐渐减小，Cox 和 Snell、Nagelkerke R^2 及似然比 χ^2 值的增大（见表 6.12），都说明模型的拟合度在不断提高，模型 Ⅲ 的拟合度最佳，故主要针对模型 Ⅲ 进行分析。

表 6.12　无序多分类 Logistic 回归模型拟合度变化

回归模型	$-2LL$	Cox 和 Snell	Nagelkerke R^2	似然比 χ^2 值
模型 Ⅰ	9587.568	0.071	0.081	433.215
模型 Ⅱ	3671.267	0.312	0.324	754.233
模型 Ⅲ	3372.841	0.389	0.367	798.506

（二）基本情况对养老意愿影响的 Logistic 回归分析

如表 6.13 所示，年龄、文化程度对留守老人选择家庭养老和机构养老有影响。60—65 岁选择家庭养老的留守老人是 80 岁及以上的 1.001 倍，文化水平为不识字或识字少、小学、初中的留守老人选择家庭养老的分别是文化水平为高中的农村留守老人的 0.064 倍、1.005 倍、1.787 倍。

婚姻状况、文化程度对留守老人选择社区养老还是机构养老有影响。无配偶老年人选择社区养老的意愿是有配偶老年人的 4.474 倍,文化水平为不识字或识字少的农村留守老人选择社区养老的意愿是文化水平为高中的留守老人的 2.477 倍。

（三）社会支持情况对养老意愿影响的 Logistic 回归分析

表 6.13 的回归分析结果显示,主要经济来源、主要社交对象、与子女关系对留守老人选择家庭养老和机构养老有影响。无稳定经济来源与经济来源主要为自己的农村留守老人家庭养老的意愿分别是经济来源是政府补贴的老年人的 0.839 倍与 0.463 倍。主要社交对象是配偶和子女的农村留守老人家庭养老的意愿分别是社交对象主要是其他的老年人的 6.177 倍和 7.913 倍。与子女关系极差、较差的留守老人家庭养老的意愿分别是与子女关系极好老年人的 0.690 倍、0.969 倍。

月收入、主要经济来源、主要社交对象、社区照顾情况对留守老人选择社区养老和机构养老有影响。月收入 500—1000 元的老年人社区养老的意愿是月收入 1000 元及以上老年人的 3.448 倍;主要经济来源是自己、子女的留守老人的社区养老意愿分别是主要经济来源为政府补贴老年人的 1.988 倍、1.144 倍;社交对象主要是邻居和村干部的留守老人的社区养老意愿分别是社交对象主要是其他的老年人的 13.907 倍和 7.429 倍。未接受过社区照顾的留守老人选择社区养老的可能性是接受过社区照顾老年人的 0.52 倍。

（四）健康自评状况对养老意愿影响的 Logistic 回归分析

表 6.13 的分析结果显示,身体健康状况、自理能力、生活质量评价对老年人选择家庭养老和机构养老有影响。可以发现,身体健康状况不稳定的农村留守老人家庭养老的意愿是身体完全健康老年人的 0.185 倍;生活完全依赖他人的留守老人家庭养老的意愿是完全自理老年人的 0.256 倍;对生活质量评价极差、较差的留守老人家庭养老的意愿分别是极好老年人的 0.212 倍和 0.148 倍。

身体健康状况、自理能力评估对老年人选择社区养老和机构养老有影响。身体健康状况不稳定的农村留守老人社区养老的意愿是身体完全健康老人的 0.457 倍;生活完全依赖他人和部分依赖他人的留守老人社区养老的意愿分别是完全自理老年人的 0.114 倍和 0.666 倍。

表 6.13 农村留守老人无序多分类 Logistic 回归结果($N=258$)

变量	分类	家庭养老/机构养老			社区养老/机构养老		
		OR 值	95%CI		OR 值	95%CI	
年龄	60—65 岁	1.001*	0.101	9.879	1.127	0.109	11.698
	65—70 岁	0.605	0.069	5.283	1.053	0.101	11.023
	70—75 岁	0.165	0.012	2.353	1.638	0.153	7.533
	75—80 岁	0.562	0.044	7.109	0.675	0.059	7.66
婚姻状况	无配偶	3.480	0.441	7.444	4.474*	0.584	4.291
文化程度	不识字或识字少	0.064*	0.001	4.755	2.477*	0.091	6.736
	小学	1.005*	0.045	22.54	0.352	0.015	8.523
	初中	1.787*	0.097	32.82	0.888	0.038	2.597
主要经济来源	无稳定收入	0.839*	0.067	10.575	0.919	0.014	6.211
	自己	0.463*	0.055	3.901	1.988*	0.209	8.941
	子女	0.229	0.008	6.56	1.144*	0.089	4.776
养老保险	未参保	5.723	0.475	8.985	5.038	0.219	5.681
主要社交对象	配偶	6.177*	0.001	9.233	7.844	0.012	6.331
	子女	7.913*	0.001	7.84	2.676	0.004	8.6
	邻居	6.867	0.001	4.39	13.907*	0.026	6.855
	村干部	10.102	0.002	7.282	7.429*	0.015	5.709
与子女关系	极差	0.690*	0.064	7.454	1.573	0.124	9.892
	较差	0.969*	0.051	18.257	0.346	0.022	5.425
	一般	1.059	0.165	6.791	0.467	0.077	2.815
	较好	4.032	0.185	87.68	0.599	0.071	5.028
社区照顾情况	未接受过	0.583	0.144	2.37	0.52*	0.095	2.831

续表

变量	分类	家庭养老/机构养老			社区养老/机构养老		
		OR 值	95%CI		OR 值	95%CI	
身体健康状况	不稳定	0.185*	0.012	2.836	0.457**	0.042	4.972
	稳定	0.478	0.071	3.227	0.312	0.046	2.12
自理能力评估	完全依赖他人	0.256*	0	268.607	0.114	0.001	10.409
	部分依赖他人	0.78	0.094	6.444	0.666*	0.098	4.519
健康变化变化	差很多	0.702	0.357	1.379	2.106	1.197	2.245
	差一些	0.754	0.382	1.451	1.899	0.894	2.121
	没什么变化	1.714	0.820	3.580	1.849	0.938	2.365
	好一些	0.674	0.321	1.164	1.582	0.581	1.794
生活质量评价	极差	0.212*	0.011	4.206	5.598	0.131	9.45
	较差	0.148*	0.009	2.32	1.442*	0.043	8.063
	一般	0.311	0.032	3.037	2.907	0.107	9.058
	较好	0.933	0.063	13.911	2.308	0.054	8.268

注：* 表示 $p<0.05$，差异具有统计学意义。

六、社会支持、健康自评对养老意愿的影响路径分析

(一)结构方程模型构建与拟合

整理归纳相关文献研究，结合安德森模型各要素内容，将基本情况、社会支持情况、健康自评状况三个因素定为本研究的外生潜在变量，以养老意愿为内生变量。三个因素具体观测变量的编号及意义如表6.14所示。

表 6.14 变量编号及其具体意义

因素	观测变量	编号	意义
倾向因素 基本情况 (外生潜变量)	性别	X1	性别
	年龄	X2	年龄
	婚姻状况	X3	婚姻状况
	文化程度	X4	文化程度
使能因素 社会支持情况 (外生潜变量)	月收入	X5	老年人月收入水平
	主要经济来源	X6	老年人主要的经济来源
	养老保险	X7	养老保险对老年人生活的支持
	与子女关系	X8	子女对父母的关心与照顾情况
	主要社交对象	X9	老年人日常生活主要联系的对象
	社区照顾情况	X10	社区对老年人生活支持与照料情况
需求变量 健康自评状况 (外生潜变量)	身体健康状况	X11	了解老年人身体健康状态
	自理能力评估	X12	了解老年人生活自理能力,生活是否需要照顾
	健康状况变化	X13	老年人对自我身体健康状态变化的认知
	生活质量评价	X14	老年人对现有生活状态的满意度
养老意愿 (内生显变量)	家庭养老	Y1	——
	社区养老	Y2	——
	机构养老	Y3	——

在回归分析的基础上结合安德森模型理论框架,构建结构方程模型,采用最大似然法对初始模型进行评估,初始模型如图 6.4 所示。

根据修正指标对初始模型进行修正调整,模型拟合结合度良好,绝对适配度指标 GFI 为 0.963(>0.9),符合适配标准,简约适配度指标 $CMIN/DF$ 值为 4.659(<5),符合适配指标,其他有关适配度指标均符合模型拟合标准,可以继续进行研究组分析。因基本情况→养老意愿($p=0.550$)之间的相关关系并不显著,因此删除此路径,对模型进一步修正,重新拟合得到新的模型,如图 6.5 所示。

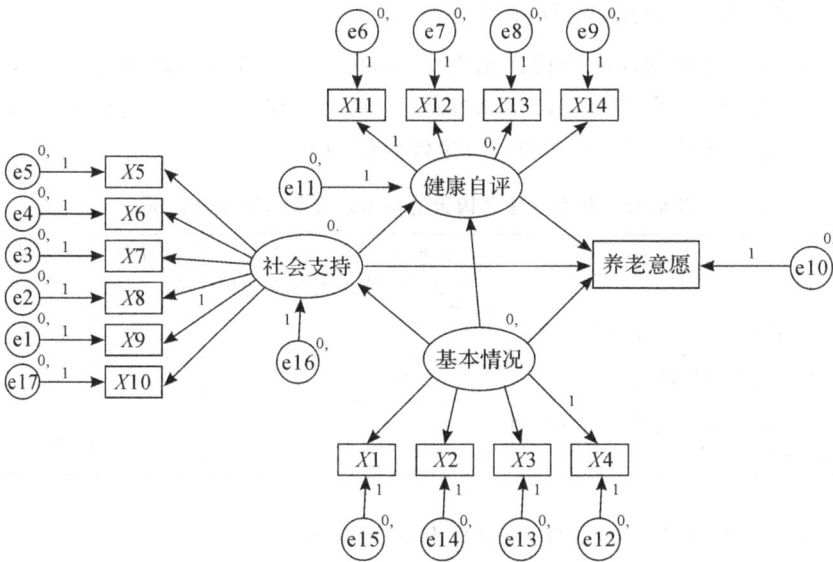

图 6.4　初始结构方程模型

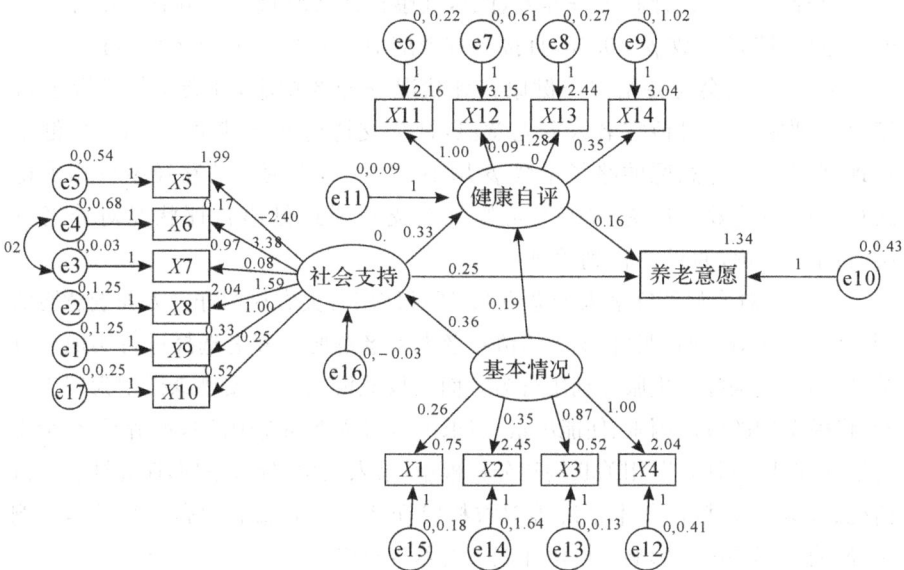

图 6.5　拟和修正后的结构方程模型

（二）主要影响路径与效应关系

各变量之间的标准路径详见表 6.15，可见社会支持情况和健康自评状况对养老意愿有直接影响，直接效应值为 0.159 和 0.246，同时社会支持情况对养老意愿还存在间接影响，间接效应值为 0.052。

表 6.15　模型中主要因素的影响效应及假设验证情况

影响路径	标准化直接效应值	标准化间接效应值	标准化总效应值	支持假设
路径1:社会支持情况→养老意愿	0.159	—	0.159	假设1
路径2:健康自评状况→养老意愿	0.246	—	0.246	假设2
路径3:社会支持情况→健康自评状况→养老意愿	—	0.052	0.052	假设3

（三）主要研究路径结果分析与假设验证

路径1:社会支持情况→养老意愿，社会支持情况直接影响农村留守老人养老意愿，路径系数 $p < 0.01$，直接影响效应值为 0.159，假设1得到验证。

路径2:健康自评状况→养老意愿，健康自评状况直接影响农村留守老人养老意愿，路径系数 $p < 0.05$，直接影响效应值为 0.246，假设2得到验证。

路径3:社会支持情况→健康自评状况→养老意愿，社会支持情况通过健康自评影响农村留守老人养老意愿，社会支持情况→健康自评状况、健康自评状况→养老意愿的路径系数 p 均小于 0.05，将两者的路径系数相乘得路径3的间接效应值为 0.052，可知社会支持通过健康自评状况对养老意愿有间接影响，假设3得到验证。

笔者针对农村留守老人养老意愿，通过使用有关农村留守老人养老意愿的调查问卷，在对江西、四川、重庆的留守老人养老意愿与养老选择进行实地调查基础上，借鉴医疗卫生服务利用行为方面的权威模型——安德森模型为理论框架，将模型中的倾向因素、使能因素、需求因素与调查问卷中的基本情况、社会支持情况、健康自评状况相关联构建分析模型，录入数据、分析整理，探究社会支持情况、健康自评状况、基本情况等对农村留守老人养老意愿的影响及具体影响路径，明确哪些因素影响农村留守老人的养老意愿。

（1）在对农村留守老人养老意愿的调查中发现，农村留守老人选择家庭养老的比例最高，老年人更愿意待在家中自我供养或由子女供养。同时，调查发现农村留守老人养老意愿呈现多元化发展的趋势,有相当高比例的老年人愿意选择机构养老和社区养老,受农村地区社区发展建设缓慢与滞后的影响,留守老人对社区养老的了解程度相对机构养老更低,选择机构养老的比例相对更高。

(2)农村留守老人基本情况对老年人养老意愿有影响。研究发现性别、婚姻状况及文化程度对留守老人养老意愿有显著影响。有配偶的农村留守老人更愿意居家养老,会更多选择家庭养老或社区养老,而不愿意选择机构养老;同时,自身文化程度较低的老年人选择机构养老的可能性更大。

(3)社会支持情况对农村留守老人养老意愿有显著影响。月收入水平、主要经济来源、主要社交对象、与子女关系、接受过社区照顾等社会支持对农村留守老人养老意愿的影响都具有统计学意义。主要经济来源为自己或子女,主要社交对象是配偶和子女,接受社区照顾少的农村留守老人更愿意选择家庭养老;月收入在500—1000元,主要经济来源为政府补贴,与子女关系一般或较好的农村留守老人更有可能选择机构养老;主要经济来源为政府补贴,主要社交对象是邻居或村干部,接受过社区照顾的农村留守老人更倾向于选择社区养老。

(4)健康自评对农村留守老人养老意愿有显著影响。研究表明农村留守老人身体健康状况、自理能力评估、生活质量评价都对其养老意愿的选择有显著的影响。身体健康状况稳定、有完全自理能力、生活质量评价较高的农村留守老人更愿意选择家庭养老;身体健康状况不稳定、生活需要部分依赖他人、生活质量评价较差的农村留守老人更倾向于选择机构养老;身体十分健康、完全有治理能力、生活质量评价一般的农村留守老人更可能选择社区养老。

(5)农村留守老人社会支持情况对其健康自评状况有显著影响,进而影响农村留守老人的养老意愿。笔者发现农村留守老人的社会支持主要包括经济、生活及精神方面的照料,物质与精神方面的照顾情况直接影响老年人对自身健康状况的把握与认识,从而间接影响老年人养老方式的选择,影响养老意愿。

笔者的研究发现,接受社区照顾的经历会影响农村留守老人的社区养老意愿,这进一步说明了完善社区支持网络有助于切实满足留守老人对于养老的需求和期望,为社会组织进入农村养老服务领域提供了数据支撑。

基于上述研究结论,在农村养老服务供给中,应积极推进农村养老服务供给主体的多元化建设,引导社会组织参与农村留守老人服务供给。社会组织可以更好地承接政府的部分社会功能,可以更加贴近群众,能以更加专业、灵活的方式为农村留守老人提供多样的服务,是留守老人关爱服务工作中不可或缺的力量。①

———————————

① 　王召青,闫雯鑫,孙欣然,等.城市低龄和中高龄老年人养老意愿及其影响因素[J].中国老年学杂志,2019(20):5101-5104.

第七章 社会组织参与农村养老服务供给的实践样态

农村老年人的需求是多维度多层次的,影响老年人养老意愿的因素也是多样化的。研究显示,接受过社区服务或社会组织服务的老年人,更倾向于社区或机构养老。这不仅为社会组织介入农村养老服务领域提供了事实支持,也对社会组织参与养老服务供给提出了新的要求。

社会组织参与农村养老服务供给的原因较为复杂,社会组织依靠各方资源的聚合,通过互帮互助解决农村老年人生活中的问题,一定程度上纾解了农村养老资源欠缺的问题。

一、社会组织参与农村养老服务供给的政策支持和组织类型

我国社会组织参与养老服务供给的时间较短,养老服务内容单一。此外,政策支持力度不大,因而社会影响力不强。但社会组织作为养老服务的重要参与者和供给者,仍然广泛活跃在家庭、社区和机构养老等各个环节和场所。

社会组织为老年人提供养老服务,既是社会组织自身发展的必然要求,也是顺应养老服务供给侧结构性改革的需要。推动社会组织参与农村养老服务建设,首先要强化政策支持,因为这是养老服务类社会组织生存和发展的重要外部支撑。

（一）社会组织参与农村养老服务供给的宏观政策

社会组织参与养老服务供给的宏观政策,是指国家在制度层面制定的关于社会组织参与提供养老服务供给的政策。关于社会组织参与养老服务供给的总体安排,主要体现在涉及养老服务和社会组织的政策法规中。随

着社会组织在国家治理体系中的作用日益凸显,养老服务的相关政策法规开始出现有关社会组织的内容。近年来,社会组织参与养老服务供给的政策中出现"鼓励""扶持""资助""引导""培育"等相关词语。

2013 年以来,随着老龄化程度的加深,国家开始大力出台促进社会组织参与养老服务供给的政策法规。民政部官网显示,近十年来我国出台的养老服务相关政策的数量远超过去数十年。从 2018 年的"大力培育服务性、公益性、互助性农村社会组织,积极发展农村社会工作和志愿服务",到同年 9 月"支持主要面向失能、半失能老年人的农村养老服务设施建设,推进农村幸福院等互助型养老服务发展",再到"要完善农村留守儿童和妇女、老年人关爱服务体系,支持多层次农村养老事业发展"……上述政策对社会组织参与农村互助养老服务供给予以了正面肯定,具体如表 7.1 所示。

表 7.1　2013—2019 年国家出台的关于促进社会组织
参与养老服务供给的主要政策法规

政策法规名称	出台年份	出台机构	相关表述
《关于加快发展养老服务业的若干意见》(国发〔2013〕35 号)	2013	国务院	逐步使社会力量成为发展养老服务业的主体;鼓励公益慈善组织支持养老服务
《关于政府向社会力量购买服务的指导意见》(国发〔2013〕96号)	2013	国务院办公厅	承接政府购买服务的主体包括依法在民政部门登记成立或经国务院批准免予登记的社会组织等社会力量
《关于支持和规范社会组织承接政府购买服务的通知》(财综〔2014〕87 号)	2014	财务部民政部	充分发挥社会组织在公共服务供给中的独特功能和作用……同等条件下优先向社会组织购买
《关于全面放开养老服务市场提升养老服务质量的若干意见》(国发〔2016〕91 号)	2016	国务院办公厅	鼓励社会力量通过独资、合资、合作、联营、参股、租赁等方式,参与公办养老机构改革
《关于印发"十三五"国家老龄事业发展和养老体系建设规划的通知》(国发〔2017〕13 号)	2017	国务院	积极培育养老服务社会组织;支持企事业单位、社会组织、志愿者等社会力量开展形式多样的老年人关爱活动

政策法规名称	出台年份	出台机构	相关文本表述
《关于推进养老服务发展的意见》（国发〔2019〕5号）	2019	国务院办公厅	打造"三社联动"机制，以社区为平台、养老服务类社会组织为载体、社会工作者为支撑，大力支持志愿养老服务，积极探索互助养老服务

通过文本分析，这些密集出台的养老服务政策法规呈现如下特点：一是体现了养老服务体系逐渐完善。近年来，国家对养老服务的发展尤为关注，政策文件中多次出现完善养老服务行业的相关表述。从2013年加快发展养老服务业，到2016年全面放开养老服务市场，再到2019年继续推进养老服务业发展，逐渐完善了养老服务体系的制度建设。[①] 二是凸显了推动社会力量参与养老服务供给。相关政策提出，要积极培育社会组织参与养老服务，鼓励慈善组织支持养老服务。社会组织是养老服务供给的重要力量，政府应优先向社会组织购买养老服务。上述政策充分说明，国家鼓励社会组织积极参与养老服务供给，倡导养老服务社会化，为养老社会组织的生存发展，提供了政策支持和发展机遇。

（二）社会组织参与农村养老服务供给的中观政策

社会组织参与养老服务的中观政策，是指国家对社会组织参与养老服务供给的具体管理规定，主要通过准入登记、配套措施、人才保障等制度来体现。

1.准入登记类政策

此类政策是为了解决长期以来社会组织参与养老服务的准入和登记门槛较高的问题，实行直接登记制度。例如，2016年国务院办公厅出台的《关于全面放开养老服务市场提升养老服务质量的若干意见》明确提出，要放宽养老服务市场，允许社会组织参与养老服务业，并放宽进入条件，降低登记门槛。"申请设立养老服务类社会组织，符合直接登记条件的可以直接向民政部门依法申请登记，不再经由业务主管单位审查同意。"此项政策的出台，意味着养老服务类社会组织摆脱了长期以来的双重管理限制，获得了合法地位。

[①] 刘春湘,姜耀辉.社会组织参与养老服务的逻辑框架:制度环境·主体类型·实践方式[J].吉首大学学报(社会科学版),2020,41(5):37-47.

2.配套措施类政策

此类政策旨在增加财政补贴,完善配套措施。2013—2019年,民政部连续七年出台政府购买社会服务的实施方案,通过中央财政支持社会组织参与承接助老为老服务项目,其中2015年资助养老服务项目83个,资助资金3074万元。[①]此外,地方政府也在积极推动相关配套政策出台。例如,2020年杭州市级公益创投立项项目中为老服务类项目61个,资助资金1137.731万元,培育了一批优秀的本土养老服务类社会组织。目前,有关养老服务社会组织的孵化培育、财税优惠、信息公开、评估监督等方面的具体制度正逐步完善,但在实践中还存在不少问题,特别是农村养老服务社会组织存在分类管理不清、安全监管不及时、资金来源不足等问题,需要继续落实和完善相关配套措施。

3.人才保障类政策

出台这样的政策目的是加强对养老服务专业人才的培训,为社会组织提供人才保障。2019年,教育部办公厅等七部门《关于教育支持社会服务产业发展提高紧缺人才培养培训质量的意见》提出,原则上每个省份至少有1所本科高校开设家政服务、养老服务等相关专业,在一流本科专业建设"双万计划"、中国特色高水平高职学校和专业建设计划等项目实施过程中,向家政、养老、育幼等相关领域专业倾斜。为达到这一目的,应"确保到2022年底前培养培训1万名养老院院长、200万名养老护理员、10万名专兼职老年社会工作者"[②]。养老服务类专业人才培养培训首次进入政策视野,为社会组织参与农村养老服务供给提供了切实的保障。

(三)社会组织参与农村养老服务供给的微观政策

除了上述政策外,各地关于社会组织参与农村养老服务供给的政策文件较少。笔者对湘潭市2013—2019年出台的养老政策文件进行了梳理,关于社会组织参与农村养老服务供给的政策措施绝大多数包含在综合性文件中,极少有专门性文件(见表7.2)。

---

① 刘春湘,姜耀辉.社会组织参与养老服务的逻辑框架:制度环境·主体类型·实践方式[J].吉首大学学报(社会科学版),2020,41(5):37-47.

② 刘春湘,姜耀辉.社会组织参与养老服务的逻辑框架:制度环境·主体类型·实践方式[J].吉首大学学报(社会科学版),2020,41(5):37-47.

表 7.2   2013—2019 年湘潭市涉及农村养老服务的政策文件

年份	文件名	文号
2013	《湘潭市城区政府购买居家养老服务试行办法》	潭政办发〔2013〕69 号
2014	《关于进一步规范农村敬老院服务管理的通知》	潭政办发〔2014〕19 号
2014	《关于扩大高龄老人津贴发放和政府购买居家养老服务对象范畴的通知》	潭民发〔2014〕20 号
2015	《关于加快推进养老服务业发展的实施意见》	潭政发〔2015〕10 号
2015	《关于印发〈湘潭市健康与养老服务业发展三年行动计划(2015—2017 年)〉的通知》	潭政办发〔2015〕63 号
2015	《关于印发〈湘潭市集中清理整治非法民办养老机构工作实施方案〉的通知》	潭政办发〔2015〕71 号
2015	《关于进一步加强农村敬老院管理的通知》	潭政办发〔2015〕74 号
2015	《关于为特殊困难老年人购买意外伤害保险的通知》	潭民发〔2015〕33 号
2015	《湘潭市民办养老服务机构补贴资金实施办法(试行)》	潭民发〔2015〕39 号
2015	《湘潭市社区居家养老服务机构补贴资金实施办法(试行)》	潭民发〔2015〕40 号
2016	《湘潭市养老机构责任保险实施方案》	潭民发〔2016〕4 号
2017	《关于促进全市居家和社区养老服务健康发展的实施意见》	潭政发〔2017〕20 号
2017	《关于印发〈湘潭市养老服务业发展三年(2017—2019 年)行动计划〉的通知》	潭政办发〔2017〕21 号
2017	《湘潭市医疗卫生与养老服务相结合试点工作方案》	潭政办发〔2017〕59 号
2017	《湘潭市居家和社区养老服务改革试点方案》	潭政办函〔2017〕116 号
2017	《湘潭市中央财政支持居家和社区养老服务改革试点服务改革补助资金使用管理办法》	潭财社〔2017〕17 号
2017	《开展养老院服务质量建设专项行动实施方案》	潭民发〔2017〕22 号
2017	《湘潭市村级老年协会管理暂行办法》	潭民发〔2017〕43 号
2017	《湘潭市农村失能贫困老年人家庭托养补贴实施办法》	潭民发〔2017〕44 号

续表

年份	文件名	文号
2018	《2018年养老院服务质量建设专项行动实施方案》	潭民发〔2018〕31号
	《湘潭市农村留守老人关爱服务体系建设实施方案》	潭民发〔2018〕71号
2019	《关于加快公建民营改革推动社会力量参与养老服务业建设的试行意见》	潭政办发〔2019〕4号
	《关于落实新修改的〈中华人民共和国老年人权益保障法〉做好有关工作衔接的通知》	潭民函〔2019〕83号
2021	《湘潭市推进养老服务高质量发展三年计划行动（2021—2023年）》	谭政办发〔2021〕号

1.普惠型政策

（1）政府购买居家养老服务政策。湘潭市政府购买居家养老服务的时间较长，早在2013年，政府就与第三方服务机构签订协议，为老年人提供生活照料、急救护理、精神慰藉、生活娱乐等服务。服务对象主要有：生活不能自理的60岁及以上低收入老年人，与子女分居、特别贫困的60岁及以上老年人，半残疾的65岁及以上低收入老年人，80岁及以上的低收入老年人，子女不在市区或子女残疾、生活不能自理的老年人。

（2）建立老年人能力评估制度的政策。2017年，湘潭市民政局通过引入第三方，成立了老年人能力评估中心。该中心依托老年人能力评估系统，对申请补贴和提高标准的失能、半失能低收入老年人进行能力评估。

（3）农村养老服务设施建设配套政策。湘潭市民政局出台政策，对民办养老机构按新建、扩建的床位数给予不等的建设补贴，按实际入住人数给予运营补贴；鼓励敬老院开展公建民营实行"零租金"，并出台政策给予相应资金支持；鼓励有条件的农村养老服务机构，在满足特困人员集中供养需求的基础上，为经济困难家庭的高龄、失能、半失能农村留守老人提供低偿照料服务。

2.专项性政策

湘潭市留守老人问题一直较为严重。2018年，湘潭市政府出台了《湘潭市农村留守老人关爱服务体系建设实施方案》，专门针对留守老人的养老照顾问题，调动社会力量参与，提出了具体指导意见，其他的相关政策多分散于其他文件中。

（1）风险等级评估和定期探访政策。要求建立以县为单位的农村留守老人风险等级评估制度,实行农村留守老人定期访视制度。由乡镇人民政府协调指导实施,村(居)民委员会协助实施。特别提到,必要时可以引入社会力量参与。要及时了解或评估农村留守老人生活状况和家庭赡养责任落实情况。根据村(农村社区)人口,给予村级老年协会3000—5000元资金支持,并实行定期走访。

(2)邻里互助政策。湘潭市建立了社区邻里互助养老模式运行机制等,韶山市建立了60后邻里养老互助点模式,分别将留守老人纳入重点照料范畴。

(3)公益帮扶政策。湘潭市政府出台了公益帮扶相关政策,将农村留守老人关爱服务纳入乡镇(街道)社会工作站工作范围。鼓励公益性社会组织和社会工作者积极参与农村留守老人关爱服务工作,开展志愿服务活动;鼓励志愿者通过向乡镇延伸社会工作站、政府购买服务等方式,及时为留守老人提供心理咨询、情感救助、精神慰藉、代际交往、家庭关系调适、社会融入等服务。

(四)社会组织参与农村养老服务的类型划分

基于农村养老服务内容的多样化,各个社会组织的功能各不相同。因此,需对社会组织类型予以详细梳理。目前学界关于社会组织类型的划分大体可以分为以下两类:(1)从社会组织自身属性出发,比如从组织目标、活动领域、活动范围、受益人群、社会功能和活动性质等维度进行划分。[1] (2)从社会组织与政府的关系出发,按照结构、行为、功能三个指标,可将社会组织分为准政府部门、事业单位、民办非企业单位、草根维权组织等。笔者基于社会组织与政府关系的密切程度,从社会组织的本质、功能出发,将其划分为政府主导型、社会组织主导型、政府—社会组织合作型三大类。

在社会组织参与养老服务供给的实践上,学界多以社会组织所提供的养老服务内容来划分,大体划分为两类:养老服务供给型社会组织、养老服务支持型社会组织。[2] 有的学者则提出强政府支撑型、[3]社会组织主导型、

① 李健,荣幸,孙莹."以人为中心"的社会组织分类支持体系重构[J].中国行政管理,2021(2):47-52.

② 刘春湘,姜耀辉.社会组织参与养老服务的逻辑框架:制度环境・主体类型・实践方式[J].吉首大学学报(社会科学版),2020,41(5):37-47.

③ 周娟,张玲玲.幸福院是中国农村养老模式好的选择吗?——基于陕西省榆林市R区实地调查的分析[J].中国农村观察,2016(5):51-64,95-96.

宗族邻里相助型及政府主导型等。

基于两次大规模调研实践,考虑到多重因素相互影响的复杂性,以政府与社会组织关系的互补程度为依据,笔者将参与养老服务供给的农村社会组织分为自组织型、服务型、支持型、合作社型等四种类型。该划分方式虽然较单一且有一定局限性,难以清楚划分大型社会组织,但考虑到农村社会组织的现实情况,这种划分方式较为直接,能清晰地识别参与养老服务供给的农村社会组织的不同类型,把握农村社会组织本质、功能、组织行为和成效,有针对性地满足不同层次的农村养老服务需求。

二、自组织型养老组织参与农村养老服务的实践样态

(一)自组织型养老组织的特点

自组织型养老组织,即在同一生产、生活单元内部,由基于共同需求和利益的农民组织起来,为彼此提供相应的养老服务的社会组织。这类社会组织的产生,源于村庄的内在凝聚力与部分成员的共同需求,由于受外界干扰较少,组织的运作大多依靠自身的力量,仅在服务过程中加入少量的外界资源作为保障。自组织型养老组织利用社会资源成立,与政府关系松散,有较强的自主性和决策权。

自组织型养老组织具有以下特点:一是"自下而上",与政府存在距离,它在建立和运作初期并不依赖政府资源,但与本村现有社会资本紧密相连;二是组织的成立与政府购买服务的导向无关,社会组织自发提供服务;三是采取公开竞标方式为政府提供服务,但参与政府购买养老服务只是其职能之一。

典型自组织型养老组织,大多存在于民间力量较为强大的地方,最初往往带有宗族组织的影子,湖南中西部地区的宗族基金会和苏北地区的"老年人关爱之家"①就是代表性组织。此种模式中,组织资金来源于村庄和民间,政府的投入相对较少。老年人对此类组织较为信任、有较强认同感。乡

---

① 老年人关爱之家最初是由老年人协会发起,依托县、镇两级老年人协会和村里闲置的房屋和校舍修建的养老之家。在这里,老年人通过互帮互助的方式获得养老服务,采取自给自足的方式,提升了晚年生活水平。在这种模式下,政府的干预相对有限。关爱之家资金来源于自筹,运营资金是通过捐赠或参与种植、养殖和小商品加工获得的,政府只提供政策支持和少量资金。

村精英和老年人协会在组织的发起和召集过程中,起到非常重要的作用,政府更多的是起支持作用。

此类社会组织的产生来源于血缘性文化资本的聚集,有赖于当地深厚的宗族互助传统,以及农村内生力量的充分调动。虽然这类组织能聚集农村固有社会资本,在一定程度上满足农村老年人对生活照料、精神慰藉和物质资源的需求,有着其他社会组织不具备的内生优势,但由于基础设施投入有限,物质资源供给能力薄弱,无法惠及失能、失智老年人。

（二）邵东市自组织型养老组织的典型样态及样本介绍

湖南、江西、福建民间自发形成的带有宗族性质的互助养老,是典型的自组织养老模式,如老龄会。这一模式中,老龄会的主要成员是宗族内声望较高的老年人,祠堂成为其主要活动场所,有专人负责管理和清洁。维护宗族日常活动的款项来源于外出的精英,他们作为乡贤为村庄的活动捐款出力。然而,这种自发形成、自我管理、自我服务的组织,大多没有注册登记,定位模糊,发展空间极其有限。

湖南省邵东市联云村的老龄会是非常典型的自组织型养老组织。邵东市,地处湖南省中部,位于邵阳、衡阳、娄底三市交界处,于2019年撤县设市,是一个非常年轻的城市,民营经济活跃。2020年,邵东市GDP达616.74亿元,产业结构相对比较均衡。邵东市常住人口为103.84万人,是邵阳市下辖唯一人口净增长的区（县、市）。在第七次全国人口普查中,邵阳市的老龄化率为20.75%,属于深度老龄化社会。

历史上,汉平帝时就在邵东市建城,人口的交往流动频繁。元末明初时,随着大量江西人迁入湖南,该市的人口激增。在这个发展过程中,涌现出了大批的民间组织。历史上邵东市的民间组织发达,形式多样,既有济孤会、清明会、冬至会等宗族性组织,也有公共事务管理类的路会、学堂、龙灯会等,还有社会福利类的育婴堂、癫子轿子等,以及民间宗教类的庙会。这些民间组织以自己独特的方式,在乡村治理中发挥着作用。

笔者从2002开始,在邵东进行了田野调查,相关研究一直延续到2019年,历时18年,获取了大量一手资料。调查资料主要来源于2015—2019年的调研,调研采用半结构式访谈,访谈对象包括村庄的村委会、老龄会成员,在征求访谈对象同意后予以全程录音。访谈结束后,进行访谈资料整理、比对,必要时向访谈对象追访。

（三）老龄会：血缘、地缘社会资本催生的养老服务实践

联云村自然条件较差，耕地面积不足，当地农民市场化意识发展较早，20 世纪 80 年代开始就有人做生意，打工和经商是农民家庭主要经济来源。青壮年流失较严重，常住农村的基本上是中老年人。

老龄会成立于 1999 年 3 月，最初是在村委会废弃的一间房屋里开展活动的，2013 年新的村部大楼建成后，拨付了两间房屋作为老龄会活动场所。老龄会的领导班子由 1 名主任、3 名副主任组成，目前担任主任的是县城中学的一名退休教师。

为方便管理，老龄会还成立了委员会，目前有 7 名委员，不同委员的职责不同，每人负责一部分事务，分工合作，具有较强的凝聚力和向心力

虽然老龄会是为 60 岁及以上的老年人建立的，但村子里不满 60 岁的人也可以去。老龄会的领导班子主要负责老龄会活动的组织开展，包括老龄会正常的运作和活动的安排，以及慰问和吊唁等活动。

1. 老龄会的日常工作

第一，老龄会日常活动的开展，包括为老龄会成员打牌、下棋、看书、聊天等提供活动场地和设施。每天约有 30 位老年人到老龄会活动，氛围良好。第二，举办文艺活动，以器乐队和腰鼓队为主。参加活动的老年人每月定期在老龄会学习、表演、排练，老龄会不定期请人进行指导。第三，红白喜事的操办，老龄会为村里 80 岁及以上的老年人过生日，并有腰鼓队表演；有老年人过世时，老龄会开办追悼会，相关仪式由器乐队负责。第四，村庄事务参与，老龄会不定期组织老年人在村庄巡逻，对焚烧垃圾、乱堆杂物、道路塌陷等存在安全隐患的，及时向村干部报告。

此外，老龄会还不定期提供一些特殊的养老服务。如村庄有一些卧病在床的高龄老年人，老龄会会派人探望。

老龄会从成立起给村子里老年人的生活带来了很大的变化，老年人身体素质和养老状况均有好转，既减轻了农村里老年人生活负担，也重塑了敬老、尊老的孝道之风。

2. 老龄会的主要职能

总体来说，老龄会的养老职能主要体现在两个方面：一是精神慰藉，二是生活照料。

（1）精神慰藉。指心理上的关注和安慰，既包括情感上的关怀，如聊天、安慰、心理辅导等，也包括通过娱乐、休闲等方式帮助老年人排解

不良情绪。在关于农村老年人精神慰藉的研究中,有学者将精神需求理解为情感需求、娱乐需求、求知需求、交往需求、价值需求五个方面,并强调家庭在满足老年人情感需求中的核心地位和不可替代性。① 穆光宗提出"精神赡养"的概念,用以区别传统意义上的物质支持。② 随着家庭结构变迁,家庭对农村老年人精神需求的支持持续弱化,政府、市场、社会组织等多元社会主体逐步承担了老年人精神慰藉的责任。因此,政府应整合各种社会资源,加强精神养老产品的有效供给,为老年人提供稳定、持续、便捷的精神养老服务。非政府组织作为一种非正式的社会支持系统,可以重建老年人的社会互动,③可以重构老年人的社会交往,满足老年人的精神需求。

老龄会之所以可以满足老年人的精神慰藉需求,主要原因在于两方面。

一是重塑社会交往。在传统社会中,家庭交往、邻里交往是农村老年人休闲生活的主要方式,是老年人获得精神支持的主要途径。在市场经济背景下,乡村农业生产与社会交往的合作趋于瓦解。家庭沟通的弱化和社区沟通的萎缩使老年人成为孤独的个体。老龄会为老年人提供了休闲、交往的公共空间,消解老年人的孤独感。

对于很多老年人而言,老龄会就像自己的家一样,可以在里面活动、聊天,在老龄会里老年人重获了社会交往和认可。老龄会为老年人准备了各种不同类型的活动。老年男性一般喜欢打牌、下棋等益智类活动,受访者说道:"我们坐在这休息时随便讲上几句,也好过一个人在家看电视。"老年女性则喜欢打当地特色的字牌。

二是体现自我价值。老龄会最成功的地方是肯定了老年人自身的价值。无论是老龄会的组织者,还是参加老龄会的老年人,他们在老龄协会的活动中,体现了个人价值,自我实现的需求得到了满足。

参加文化娱乐活动使老年人找到了一种新的生活方式,与熟人社会中的同辈群体交往可以获得生活乐趣,提升了老年生活的价值感和意义感;参与村庄活动和公共事务,可以让老年人有机会出现在村庄公共场合并展现

① 毛一敬.重建社会交往:农村老年人精神慰藉的组织化实践路径[J].东北大学学报(社会科学版),2021,23(5):73-80.
② 穆光宗.老龄人口的精神赡养问题[J].中国人民大学学报,2004(4):124-129.
③ 宋娜,李俏.政府服务视域下的农村老年人精神需求供给研究[J].社会福利(理论版),2017(7):24-27.

自身能力,提升了他们的存在感。此外,将老年人组织起来看望高龄老人和失能老人,既为老年人提供了精神慰藉服务,又可对村民家庭进行监督,保障高龄老年人和失能老年人的照料需求。[①]

(2)生活照料。主要是指日常和基本的生活服务。当老年人身体出现问题时,他们首先会去寻求家庭成员,尤其是配偶和子女的慰藉和帮助,并希望获得他们的照料。

但是,子女的照料意愿和照料行为与父母和子女之间的感情、外界环境影响有密切关系。随着大规模的农村劳动力外流,农村的家庭结构和养老模式发生了改变。因此,老年人生活照料问题在农村更为严峻。

在生活照料上,联云村的老龄会承担了部分照顾老年人的责任。联云村有1200多人,其中60岁及以上的有300余人,80岁及以上的有41人。每个月老龄会都会根据老年人的实际情况安排老龄会骨干成员和积极分子到80岁及以上的高龄老年人家里,陪他们聊天,了解身体状况,并简单打扫卫生。倘若老年人有什么需求,他们会及时上门或向村干部反馈。若碰到老年人生病,他们还会帮忙送去医院或通知子女。日常化的关心让老龄会成员感受到了温暖。遇到任何情况,老年人都愿意向老龄会倾诉。尤其是碰到家庭纠纷的时候,老年人的第一求助对象就是老龄会,通过组织来维护自己的权益。

失能老年人是村庄养老服务的重点对象,老龄会组织村里的低龄老年人为失能老人提供一些基本服务,如做饭、保洁、聊天等,费用由被服务者和政府共同承担。在采访中,老年人都谈到这是为了自己的未来考虑。现在是他们照顾别人,希望自己老了以后也有人照顾自己。

作为村庄的既有资源,老年人是受到老龄会的积极分子动员才参与到养老服务供给中来的。联云村老龄会的积极分子都是原来的村委会成员或回乡定居的退休人员,他们见多识广,热心公益服务,且多才多艺,吸引了众多老年人参加活动,增进情感交流。同时,他们在农村中社会地位较高,有一定权威性,有调解纠纷的能力,能确保养老服务的顺利开展。

老龄会以乡贤为纽带,通过组织活动、提供生活照料等方式,调动了老年人的积极性,形成新的养老服务供给合力。

---

① 毛一敬.重建社会交往:农村老年人精神慰藉的组织化实践路径[J].东北大学学报(哲学社会科学版),2021(9)5:73-81.

（四）老龄会的内生动因

1.血缘、地缘构成的社会资本网络催生了养老性自组织的产生

社会资本包含了信任、规范、社会网络，不是一种物质资本，但能通过社会网络中的人际互动转化为其他资本。农村社会资本即农民之间的信任、规范和社会网络。中国农村以"差序格局"为基本社会关系结构，以血缘和地缘为基础的农村社会资本构成了村庄自组织的基础。血缘关系固有的局限性决定了农村可利用的社会资本存在一定的限制，而社会组织自身的发展需要丰富的关系网和社会资本。因此，除了血缘关系外，为了扩大传播范围，还有以地缘为主的社会组织。

虽然现在农村的社会结构发生了变化，但相对而言，农村社会依然是封闭而稳定的，脱胎于农村社会的社会组织与村民们所居住的环境息息相关。在乡村社会里，尽管受到外界的强力冲击，传统的孝文化依然占据主流地位，基于血缘的家庭养老仍是农村养老的主要模式。

此外，与原子化的城市社区不同，村民有着共同的生产、生活记忆和传承久远的地缘关系，从而形成基于邻里关系、较为牢固的地缘组织资本。尽管市场经济改变了村庄内部的社会互动方式，但目前老年人的生活仍然嵌在村庄社会内部的关系网络中。当农村公共财产和公共服务短缺，需要组织来填补这一空域的时候，"生于斯，长于斯"的共同生活记忆，会唤起大家的认同感和相互信任，成为老年人可以组织利用的社会资本。

在中国古代社会中，血缘和地缘形成的社会资本网络在维护农村秩序、帮助农村弱势群体、提供和维护农村公共产品等方面发挥着重要作用。虽然市场经济带来了原子化的个人，但农村社会资源匮乏，且社会交往人群较为狭窄，人们必然渴求重新集聚组织社会资本，并按照亲疏关系、地缘远近，扩大社会资本（关系）的范围，以获得更多的资源。农村老年人强烈的养老需求，催生了以血缘社会资本和地缘组织资本为主的老龄会，为农村老年生活提供帮助，作为政府与家庭提供的基本公共服务之外的补充。

2.农村养老服务公共物品的匮乏提供了养老组织生长的空间

我国养老服务发展不平衡不充分的问题在乡村尤为突出。因为村庄人口不断外流，家庭养老方式逐渐瓦解，以家庭为主体的单一供给模式，已不能满足农村老年人多元化的需求，而基层政府受限于财政支出、管理能力与人力资源等因素，只能提供最为基础的农村养老公共物品，形成严重的供需不平衡、供给结构不平衡等问题。

同时,随着老龄化的加剧,老年人口迅速增加。农村迫切希望成立相关组织,提升养老服务水平,提供更多必要的公共产品,帮助老年人安度晚年,这是农村养老服务潜在的社会性基础。

(五)老龄会的制约因素

1.人力资源匮乏

老龄会成员年龄普遍较大。老龄会中的老年人既是养老服务的接受者,又是养老服务的提供者。然而,与接受服务者一样,提供服务的老年人会遭受所有老年人都会面临的困扰,如疾病等。因此,老龄会成员提供的服务有限。

随着最初牵头的组织者年龄渐长,继任者倘若不能承担相应职责,那么老龄会的工作就难以开展。事实上,因为诸多非政府组织的开创者往往都具有非凡魅力,且大多具有强烈的奉献精神,继任者往往很难推动组织的发展,这是目前诸多农村养老组织面临的难题。

专业化护理人员匮乏。高龄、失能老年人的照顾,需要受过专门训练的医护人员来进行,但在大部分的自组织型养老服务组织中,提供服务的多是本村的中老年妇女,她们基本没有受过相关训练,仅能进行最简单的护理。专业化护理服务团队是养老服务供给的有效保证,老龄会的服务与专业化的要求相距甚远。

2.物质资源欠缺

稳定的资金来源是社会组织得以持续运行的保证。农村由于经济收入水平低,能提供的物质资源极其有限。一方面,老年人自身的经济能力较差,用于自身养老的储蓄极其有限。另一方面,村庄内部资源欠缺,老年人没有其他经济来源,无法依靠土地获得稳定的财产性收入。

村庄外部资源注入有限。村庄的发展离不开外部资源的支持,老龄会的运行和维持都需要资金投入,当村庄提供不了时,就要依赖外部资源。老龄会获得的捐赠有限,仅能应付日常运行的开支,无法完全覆盖老年人养老服务支出,影响了后续发展。

3.政府支持不完善

社会组织参与养老服务供给需要宽松的政策环境。自组织型养老组织,由于具有非正式性,不属于基层组织,没有在政府部门正式注册,因此没有法律地位,无法享受政府的各种补贴。因此,政府需要改革对社会组织的"双重管理",降低农村老年社会组织的准入门槛,并简化申请和登记程序,使大量"灰色身份"的社会组织合法化,并制定相关法律法规,保障养老服务参与社会组织的法律地位。

综上所述,政府应通过制度化的方式动员社会组织积极参与农村养老服务供给,鼓励社会组织提供养老服务,真正实现"老有所养、老有所依、老有所乐、老有所安"。

三、服务型养老组织参与农村养老服务的实践样态

(一)服务型养老组织的特点

2016 年颁布的《中华人民共和国慈善法》明确规定,"慈善组织可以采取基金会、社会团体、社会服务机构等组织形式"[①]。就养老服务而言,社会服务机构主要是指提供床位服务的非营利性综合性养老机构,或嵌入农村社区的微型养老机构,一般具有较强的专业能力,可以提供长期集中的护理服务。服务型养老组织指的就是此类非营利性养老机构,包括养老院、老年公寓、颐养院、托老所等,一般是公助民办,与公办的社会福利院、敬老院和民办的营利性养老机构等有着明显区别。

公办的农村养老机构通常只面向农村的"五保户",民办养老机构收住的老年人大多生活能够自理。农村中最需要得到服务和照顾的恰恰是那些身患重病和失能、失智的老年人。这部分老年人数量庞大,迫切需要优质养老服务供给,供需缺口较大,机构养老供求失衡,因而催生了农村的服务型养老组织,并表现为"公助民办""公建民营""公私合办""民办民营"等形式。然而,与城市相比,这些农村地区的养老机构建设起步晚、发展缓慢,加之受限于农村留守老人的经济能力、观念思想等因素,它们在面临巨大的床位缺口的同时,往往又陷入资源利用率低的困境。

(二)湘潭市农村民办养老机构的典型样态及样本介绍

近年来,农村民办养老机构嵌入农村社区,融合了机构、居家和社区养老多种优势,符合民众就近养老的需求,成为社会组织参与机构养老服务的新动向。例如,杭州等地蓬勃发展的农村社区居家日间照料中心等,涌现出

[①]　刘春湘,姜耀辉.社会组织参与养老服务的逻辑框架:制度环境·主体类型·实践方式[J].吉首大学学报(社会科学版),2020,41(5):37-47.社会服务机构一般是指自然人、法人或其他组织为提供社会服务而设立的非营利性法人,主要利用非国有资产。其特点是具有较强的自主性,在养老服务参与中占据主导地位。政府提供政策和部分财政支持。

恩慈、福星养老等具有代表性的组织。此外,以市场化形式助力公益服务的企业也在养老服务领域涌现。例如,浙江绿康医养集团股份有限公司,具有非营利组织和企业双重属性,呈现出良好的发展趋势,从广义上也可归为服务型养老组织。但广大的中西部地区与东部发达省份相比,在财力、人力等方面存在劣势,其发展较为滞后,更值得重点关注。

笔者从 2017 年开始,对湖南省湘潭市的农村民办养老机构展开了较为深入的调研。湖南省位于中部地区,属于人口流失较为严重、老龄化程度较高的代表性省份。湘潭市作为长株潭城市群组成员之一,老龄化程度全省最高,对养老服务的需求最为紧迫。笔者对湘潭市雨湖区、岳塘区、湘潭县、湘乡市、韶山市的农村民办养老机构运营情况进行了实地调研。

调查显示,湘潭市的农村民办养老机构近年来在政府的政策支持下发展较为迅速。大部分的农村民办养老机构在硬件设施上,能满足老年人的基本需求,且都配备了标准间、餐厅、活动室以及电视、电话、空调等生活设施,但真正能提供医疗护理和康复治疗的很少。

总体来看,中西部地区的民办养老机构普遍服务单一,所提供的服务项目多为打扫卫生、洗衣服、做饭和送餐,护理人员以中老年妇女为主,仅能提供简单的日间照料,无法提供康复治疗、医疗护理和精神抚慰等服务。

(三)锦德养老院:业缘性制度资本辅助下的养老模式

锦德养老院是笔者在调研中发现的较为典型的能提供医疗护理、康复治疗的养老机构。锦德养老院位于湘潭市雨湖区长城乡,是民办性质的养老院。院长小杨本科毕业于湖南师范大学,是本地人,早在读大学时他就创办了这家养老院,创办锦德养老院的原因是他爷爷病重找不到托管机构。2013 年,他筹集了百万元,将位于雨湖区长城乡红旗村的自家房屋改建为养老院。

锦德养老院最初成立得益于乡间沿袭的业缘性制度资本,红旗村民委员会很早就在乡间举办过互助类养老组织,并想筹建一所养老机构,囿于资金问题一直未能实行。2013 年,国家出台了多个鼓励社会组织建立民办养老机构的相关政策,由于政策的大力支持,锦德养老院在建立之初就非常顺利,而且后续一直享有各种减免政策。

1. 锦德养老院的日常运营和服务

锦德养老院有 200 余张床位,接收对象为自理老年人、半自理老年人,以及失能和失智老年人。收费方面,根据老年人的身体状况收取不同的费用,自理老年人的费用最低,每月1650元;失能老年人的费用最高,每月3000元左右,属于湘潭市水平。护理方面,锦德养老院根据老年人的身体状况,确定护理水平,分为自理、半照护、全托、特殊护理。养老院为自理老年人提供打扫房间、清洗床单、文体活动等服务。头脑清醒但行动稍有不便的半自理老年人,除了上述服务外,养老院还提供送餐、刮胡子、理发、剪指甲、洗澡等服务。头脑基本正常但行动不便,有大小便失禁情况的老年人,养老院在半护理的基础上提供脱衣、洗脸、洗脚、洗头、擦身、倒便盆等服务。失能和失智的特护老年人,附加喂水、喂药、协助翻身、导尿、擦洗全身等服务。

锦德养老院是湘潭市为数不多能提供医疗护理、康复治疗的民办养老机构,其医疗室配备了医务人员(保健医生),可监测血压、代买老年人日常服用的药物,满足基本医疗服务的要求,但锦德养老院的医务人员并非专业的医生,只是具有药剂师资格证。养老院的护理人员以40岁左右的中年妇女为主,大部分来自附近农村,主要为小学、初中学历,此前并未接受过专业的职业技能培训。在岗的护理人员中具备初级护理人员资格的仅3人。

就餐服务上,锦德养老院的菜谱虽然每天不同,但是每周基本固定,节假日会有变化。锦德养老院有专职的阿姨做饭,行动自如的老年人可到食堂就餐,半自理和失能、失智老年人则由护理人员送餐。锦德养老院不提供老年人自己做饭服务,也不会根据老年人需求进行个性化订餐,因为"养老院人手少,根本忙不过来"。

2.锦德养老院的设施和管理

从硬件设施上看,锦德养老院的房间分为单人间、双人间、三人间或多人间。单人间室内居住面积约12平方米,双人间16平方米,多人间24平方米,均带有独立卫生间,配备了电风扇、空调。根据费用的不同,室内设施稍有不同。房间里没有电视机,老年人如果想看电视,可以到公共活动室或大厅里。

锦德养老院是民房改建的,在适老性方面,并未做太多优化。首先,没有考虑轮椅进出问题,没有坡道设计。其次,室内没有安装无障碍设施,只在卫生间安装了简单的竖式扶手。家具没有防撞设计,仅部分房间装有紧急呼叫器。锦德养老院由于开办时间较长,入住老年人比较多,但大部分人选择住双人间,还有部分单人间闲置,因为单人间每月要比双人间贵三四百元。访谈中,也有老年人表示:"我不愿意住单人间,没人说话,无聊,与别人住在一起好过些。"

与大多数民办养老机构的运营管理者一样,锦德的创办人兼院长小杨此前并没有管理养老机构的经验,也没有接受过相关的培训。虽然他抱有强烈的爱心来做老年人的养老服务,但是毋庸置疑的是锦德养老院的运营需要专业化的管理,不管是在把握市场的需求上,还是提供专业化的服务上。

目前,更多民办养老机构的经营者是以投机心态来涉足该行业的,只看见市场的需求,但对养老机构的定位和客户的状况缺乏了解。调查中发现,部分老年公寓入住率持续偏低,长期亏损的机构不在少数,因而经营者缺乏运营下去的动力。

(四)农村民办养老机构出现的动因

虽然开办民办养老机构会面临许多问题,但湘潭市的民办养老机构数量依然处于上升趋势,这与湘潭市不断增长的老龄人口有密切关系,尤其是农村中数量众多的留守老人,构成了推动民办养老机构发展最直接的原因。

1. 农村养老供需之间存在矛盾

长期以来,我国农村民办养老机构数量偏少,质量参差不齐,机构养老费用偏高,与我国农村日益扩大的养老服务需求存在较为明显的矛盾。公办农村养老机构只面向"五保户",民办养老机构试图满足更多的养老需求,填补政府供给的空白,并以生活能够自理的老年人为主要服务对象。民办养老机构的迅猛出现,也揭示出农村养老服务供需缺口较大,机构养老供需不平衡。

值得注意的是,在农村地区,最需要服务和护理的老年人往往是患有慢性疾病和残疾的老年人。这些老年人数量庞大,迫切需要增加养老服务供给。目前农村养老服务供给的关键是处理好农村失能、失智老年人的养老问题。无论是经济上还是精神上,农村失能、失智老年人的生活照料基本上都是由家庭成员(配偶、子女)承担,并对家庭有较强的依赖性。长此以往,家庭成员往往无法兼顾日常工作和照顾老年人,尤其是随着子女的大量进城,家庭照料出现诸多问题。

2. 业缘性制度资本的保障

社会资本是"一个群体之成员共有的一套非正式的允许他们之间进行合作的价值观或准则"[1]。一般认为,信任、责任和互惠是社会资本的重要组成部分。据此,村民既有的历史传统、乡规民约等行为规范,以及正式法

---

[1]　福山.大分裂:人类本性与社会秩序的重建[M].刘榜离,等,译.北京:中国社会科学出版社,2002.

律法规或由其他权威文件成文发布的规定均可看作社会资本。这种社会资本是基于规范形成的,是乡村自上而下强制形成或由下而上自发构成,可以称之为业缘性制度资本。它是由正式法律、规章制度以及村庄的历史传统、约定俗成的条例构成的规范体系。业缘性制度资本作为村庄的公共规范,潜移默化地规范着村庄成员的行为,调整着村庄的生活秩序,并围绕这种社会秩序形成互信、互惠、互利的村庄社会支持体系。

在村庄的社会支持体系中,社会成员之间是彼此信任的,这种社会信任能够促进社会成员间合作,增进彼此关系。老年人由于信任村规民约等非正式制度,容易形成合作关系。此外,老年人可以根据自己的性格、能力、资源、声誉等,从村庄外获得养老支持。同时,法律、政策等正式制度所规定的养老内容、养老方式、养老权利等,也为村民提供了一个安全的制度环境,降低了外部不确定性带来的潜在危害。因而,在这种制度环境下,只要遵循既有的制度,村庄内部的合作与信任就有可能实现,并超越血缘、地缘的桎梏,产生新的合作形式,满足农村老年人的养老需求。

政府权威性制度的供给,直接催生了农村养老服务的多渠道发展。如在国家政策的大力支持引导下,农村民办养老机构发展迅速。2013年,国家开始鼓励支持社会组织参与养老机构的建设,地方政府加大了对民办养老机构的扶持力度。2015年,民政部等十部委联合发布的《关于鼓励民间资本参与养老服务业发展的实施意见》指出,"鼓励民间资本参与居家和社区养老服务",对符合条件的民办福利性、非营利性养老机构实施税费优惠政策,并试点部分公办养老机构转制成为社会组织。2017年12月,民政部发布《关于加强农村留守老年人关爱服务工作的意见》,动员社会力量参与农村留守老人的关爱服务,以解决经济困难的高龄、失能老年人的养老服务问题。同时,鼓励各地将农村养老服务设施交由社会力量运营管理,将具备资质的老年协会纳入政府购买服务承接主体。因此,催生了民办养老机构在农村的大力发展。

（五）民办养老机构运营的制约因素

1.资金来源单一

民办养老机构的运营离不开资金支持,但锦德养老院的资金情况并不理想。首先,入住老人少。养老院里大约有1/3的床位闲置,这也是农村民办养老机构普遍面临的问题。其次,从运营收入来看,主要来源是营业收入和政府的补贴收入,很少有其他的捐赠。锦德养老院的收费标准是根据政府指导价,并结合入住老年人具体经济情况而定的,略低于市区养老院价格。

此外,民办养老机构的支出大,营利能力差。锦德养老院的营业收入除去水电热气、工资以及其他的日常消耗,所剩无几。尽管锦德养老院的运营情况较为良好,倘若没有政府补助,也难以为继。锦德养老院的负责人说:"我创办的时候是自筹经费,当时没仔细算过。等办起来了,才发现钱不够用。我们收的钱,应付每个月的开销都比较难。"

目前支撑锦德养老院运营下去的最大助力源自政府的相关补贴和各项政策优惠,湘潭市民政部门每月给予锦德养老院每个床位 1200 元的补助,极大地缓解了锦德养老院的经济压力,让其得以正常运转。囿于财政紧张的压力,湘潭市政府在购买养老服务中,对民办养老机构的投入,主要采取事后补助的方式,由于事前、事中投入不足,民办养老机构资金回收极为困难。调查中,锦德养老院的负责人表示,前期投入的资金几乎不可能收回。

2. 政策扶持具有局限性

依据《中央财政支持社会组织参与社会服务项目资金使用管理办法》和上级政策规定,财政投入的资金必须与福利机构的项目配套使用。地方政府为了获得上级财政支持,大力推进公办养老机构建设,将大量资金投入公办养老机构,对民办养老机构的投入力度相对较小。此外,在很多方面,民办养老机构与公办养老机构地位不平等,在享受优惠政策上手续繁杂,这导致其在初期运营面对较大压力。

此外,按照现行的法律法规规定,①民办养老机构属于民办非企业单位,是非营利性组织,其盈余不能分配,只能继续用于社会公益服务事业。现实中大部分民办养老机构属于私人投资,希望获取一定的利润,其目的与民非企的宗旨并不完全吻合,如果完全按照政策规定行事,湘潭市内几乎所有民办养老机构都无法享受优惠,但如果不给予补贴,那么大部分农村民办养老机构的经营都难以为继。

3. 政府监管制度不健全

长期以来,政府只在筹办阶段会对民办养老机构进行指导,正式运营后很少过问。民办养老机构提供的服务并没有形成统一的行业规范和标准,

---

① 《民办非企业单位登记管理暂行条例》《民办非企业单位登记管理暂行办法》《关于鼓励民间资本参与养老服务业发展的实施意见》都规定,民办非企业单位不能分配盈利。

难以监督其服务质量,尤其是在对失智、失能老年人的照料上,各地民办养老机构频频曝出负面消息。

2017年以后,湘潭市民政局针对民办养老机构制定了详细的考核指标,规范了民办养老机构的行为。一方面,这些考核指标有助于提升民办养老机构的服务质量,实现长期发展;另一方面,这些考核指标过于复杂,一般的农村民办养老机构难以实现。政府制定的关于民办养老机构的考核指标多达115项,部分指标不太接地气。调查中有民办养老机构反映,政府要求养老机构长期进驻医护人员,但请专业医护人员的费用达到4500元/月,超出了一般养老机构的运营能力。只有大型养老机构才能符合全部115项指标,农村民办养老机构几乎无法完成这些硬性指标考核。

4.机构风险防范缺失

2014年,民政部等制定了《关于推进养老机构责任保险工作的指导意见》以推进养老机构责任保险,分担养老服务风险。但实际上,湘潭市并没有金融机构开展相应的保险业务。护理责任险在中国起步晚、难度大,保险公司不愿意推广,养老机构压力大。锦德养老院负责人表示,只在与老年人签订入住协议时,会通过约定双方的权利义务来规避风险。但员工并没有接受过系统的日常风险防范培训,亦缺乏对员工事故处理的反思。在应对老人的突然死亡方面,锦德养老院并未有相应的防范措施。

老年人是一个特殊的群体,日常生活中发生风险的比例较高。无论是公办养老机构还是民办养老机构都存在无法控制的风险。在风险防范上,应凭借管理者的知识素养和能力,优化管理机构,预防风险。

5.老年人入住意愿低

调查中发现,大部分老年人对入住养老机构存在抵触情绪,只有当身体机能严重下降,不愿意拖累子女时,才考虑入住养老机构。中国农村长期以来一直秉承的"养儿防老"观念导致老年人不愿意入住养老机构,因此养老机构在加强自身服务能力的同时,要针对老年人心理展开宣传。以锦德养老院为例,除了在村口竖立广告牌外,几乎没有进行过宣传。笔者对湘潭市长城乡老年人及其家属的调查显示,很少有人知道这家养老机构。此外,养老院的收费虽然不高,但对于当地的经济收入水平而言,部分家庭可能难以承受。

由于民办养老机构普遍条件较差,调查中少数经济条件较好的老年人表示不太可能入住,宁愿多花钱去市区住高端一点的养老机构。

四、支持型养老组织参与农村养老服务的实践样态

(一)支持型养老组织的特点

支持型养老组织,亦可称为政府支持型养老组织,是指社会组织在政府的支持下成立,与政府共同承担在养老服务运营过程中所需的人、财、物。这类组织一般与政府关系密切,或本身就是由政府牵头发动民间力量,自上而下成立的农村社会组织。它们以自身为载体,为老年人提供集中式生活照料和服务,具有如下特征:第一,社会组织的成立是在政府引导下产生;第二,办理本村公共事务时具有一定独立性和自主性;第三,接受政府委托服务,利用各自的优势资源,共同决策。

作为农村社区居民自发参与社区治理和加强自我管理的社会组织,支持型养老组织来源于民、贴近于民、取信于民、服务于民,同时具有在地性和持续性强的特点。① 这类社会组织由于数量多、参与广,能够聚合村庄中的社会资本。

此类组织参与养老服务的典型方式就是政府向其购买居家养老服务,并采用居家养老服务中心,或是日间照料中心的形式。政府通过招标、竞标和定向委托等方式,将自身的公共服务职能,转给社会组织履行。② 这种政府向社会组织购买养老服务的方式在江浙沪地区取得了良好成效,并逐渐推广到中西部省份。

(二)淮安市支持型养老组织的典型样态及样本介绍

在东部沿海城市,由于人口老龄化问题出现较早、社会组织发达、地方财政情况较好,故很早就开启了社会组织承接政府养老服务的道路。2013年,杭州市政府为积极应对农村人口老龄化发展形势,满足广大农村老年人日益增长的养老服务需求,推进农村养老服务事业发展,根据《关于加快发展养老服务业的若干意见》《浙江省农村居家养老服务设施建设三年推进计划》精神,就深化农村居家养老服务制定了《深化农村居家养老服务实施办法的通知》。文件规定,杭州市农村应依托老年协会,建成以政府购买服务、

---

① 刘春湘,姜耀辉.社会组织参与养老服务的逻辑框架:制度环境·主体类型·实践方式[J].吉首大学学报(社会科学版),2020,41(5):37-47.

② 侯志伟.政府购买公共服务的竞争性分析框架及制度机制——基于S市经验的案例研究[J].中国行政管理,2016(7):57-63.

"银龄互助"和志愿帮扶为核心的"三位一体"居家养老服务体系,实现村(社区)居家养老服务照料中心建设全覆盖;应建成农村20分钟步行养老服务圈,实现居家养老服务照料中心全覆盖。上述举措为杭州市推行在农村购买居家养老服务提供了必要的政策支持,为杭州市的居家养老走在全国前列打下了坚实基础。

江苏省则率先开展依托养老院拓展居家养老服务的试点,如南京市政府与社会组织合作过程中,[①]采用"租巢引凤"的定向委托合作方式,为社会组织提供免费的场地房屋,委托其为独居高龄老年人提供服务,实现管办分离,并取得良好成效。

笔者自2017年开始,以江苏省淮安市为例,对吕良镇金淮村的居家养老服务中心进行了深入调查。淮安地处苏北地区,GDP在江苏省排名较靠后。尽管地处中国最富庶的省份之一,但淮安属于劳务输出大市,农民工群体庞大,农村留守老人数量多。作为城市化发展进程中发达省份较为落后区域的一个缩影,对淮安乡村的调查具有典型性和代表性。

吕良镇金淮村坐落在吕良镇北侧,全村共482户、1816人,党员65名,下辖8个联组(21个自然组)。全村占地面积6000亩左右,耕作面积5100亩。该村主要种植稻麦,以农业生产为主。全村的交通网发达,呈现"一纵四横"的特点。近年来,在各级党委、政府的领导和关怀下,金淮村经济发展迅速。2015年,村民人均纯收入达到14500元,较上年增加1300元,增长幅度达到10.1%,村集体经济纯收入达80.2万元。

该村老年人口比重相对较大,截至2018年底,60岁及以上老年人435人,占全村总人口的24.0%。其中高龄老年人也相对较多,80岁及以上老年人46人,90岁及以上老年人15人。全村"五保户"共有7名。

(三)金淮村居家养老服务中心:村庄社会资本促成的集体行动

金淮村居家养老服务中心位于新建的金淮村村部,是集养老、娱乐、保健、健身于一体的综合性老人活动场所。该服务中心建筑面积350平方米,配套设施完善。服务中心设有6个日间照料床位,可为行动困难的老年人提供日常照料服务。服务中心还可为行动能力正常的老年人提供日托、照料、护理、陪伴、代购、送餐等服务。室内设有文化娱乐室、棋牌室、阅览室、

---

① 邵文娟.供给侧改革视角下社会组织参与养老服务供给研究[J].宏观经济研究,2019(7):168-175.

电教室等文化娱乐场地,室外有体育健身广场、文化广场等活动场所。

1.居家养老服务中心的由来

吕良镇金淮村老年人口比重大,养老问题相对较严重。随着青壮年的外出,村里留守老人越来越多,因此,村委会牵头建立了一个专供老年人活动,并提供简单看护的服务中心,资金来源于部分外出村民的捐赠。但因规模小,满足不了村里老年人的需要,没有取得预想的效果。

2013年,该村村委会又自筹资金在原服务中心基础上改建了一个标准化的居家养老服务站,地点就设在村部的办公大楼。2014年,在民政部门和吕良镇镇党委政府的支持下,该村领导班子集体商议后,针对居家养老服务站提出升级改造计划,经村民大会讨论,决定将其升级为标准化的居家养老服务中心。2016年3月,项目申请得到批准,新的居家养老服务中心开始正式动工,历时4个月完工。

该村老村部大楼的办公用房不足,结合当时国家提倡一室多用的政策,该村决定将居家养老服务中心设在新村部,从而扩大为民服务的范围。新的居家养老服务中心建在新村部大楼旁边,建有配套的文化广场和健身广场。

工程前期建设资金均由村里垫付,政府的款项是2016年底项目验收合格后拨付的。由于政府的项目资金属于定向拨付,只负担服务中心基本框架部分,内部设施和后期运作仍由村委会自行解决。因此,在硬件设施建设上,该村联系了县城的学校以及村里在外办厂经商的人士,为服务中心争取到了一批电脑和桌椅等设施。

2.居家养老服务中心的日常运作

(1)人员和服务。金淮村居家养老服务中心的服务人员大多为村里志愿者。2013年,该村成立了一支为老年人提供无偿服务的志愿者服务队,由党员、积极分子以及本村在外的精英组成,党员、积极分子负责出力,在外精英提供经费。

居家养老服务中心以日间照料为主,主要包括高龄老年人的日托照料、护理陪伴等。服务中心会为所有老年人提供免费午餐,对于腿脚不方便的老年人,服务中心还会提供送餐服务。服务中心还不定期举办一些活动,请专业人士来为老年人免费提供法律维权、文化教育、精神慰藉、医疗保健等专项服务。上述所有费用,村集体承担一部分,在外工作的村民捐赠一部分。

金淮村有自己的淘宝店,专为老年人提供各种代购服务,各种农业生产所需物资也可以买到。服务中心定期组织志愿者服务队上门帮老年人打扫卫生、整理杂物。60岁及以上老年人的家庭有一对一的上门帮扶人员,服务中心有专人进行检查和监督。

(2)资金来源。居家养老服务中心建设的资金主要包括政府拨款和村自筹两部分。政府通过购买项目的方式对服务中心予以部分补助,金额占总投资的1/3;其中,民政部拨款15万元,组织部拨款10万元。村自筹包括村集体资金和捐赠,村集体自有资金占大部分,捐赠主要来自村干部、在外精英以及帮扶单位等。村干部响应村里号召,针对个别困难老年人定向捐赠,金额不等;帮扶单位赞助是对口到村帮扶的市县单位对村养老项目提供的小额支持。

所有外来捐赠中,在外精英的捐赠最为灵活,该村设立的专项募捐资金主要来自这个群体。他们都是以个人的名义进行捐赠,包括金钱、物资,用于支持村养老服务业以及各项事业的建设和发展。这些款项由专门人员进行管理和记录,定期将其使用情况公布给大家,并及时给予捐赠人以反馈。

尽管能得到单位和个人的物资赞助,但由于数量有限,该居家养老服务中心仍然存在设备不足的问题,空调、娱乐设施、保健设备、厨房用品、送餐车等的物资存在短缺等。

(四)居家养老服务中心产生的动因

吕良镇由于整体老龄化程度高,外出务工人员多,留守老人养老问题一直较为突出。然而在吕良镇下辖的10个行政村中,只有金淮村升级了居家养老服务中心,这与金淮村的地理位置、社会资本、乡贤精英密切相关。

1.村居整体分布集中

(1)金淮村的民居整体分布较为集中,呈现"一纵四横"的分布特点,交通便利。吕良镇的大多数村庄不具备这样的条件,要么居住地较为分散,要么是面积较大的合并村,涉及公共基础设施建设的选址时,容易产生矛盾,尤其对合并村而言更难达成统一。

(2)老年人到居家养老服务中心是否方便,路程的远近也是重要的影响因素,关系服务中心建好后实际作用的发挥。因此,相比那些居住较为分散的村或是合并村来说,金淮村聚集而居的分布格局更利于成立居家养老服务中心。

2.地缘性组织资本易于实现志愿行动

(1)金淮村的姓氏较杂,与湖南、江西省不一样,传统宗亲观念、血亲关系对金淮村的影响并不明显。血缘关系的弱化有利于邻里之间的信任和互惠规范的达成,加之村民对村庄的认可度高,外出的村民有强烈的乡土情结,容易形成地缘性社会资本。邻里关系的紧密扩大了人们可以利用的社会资源,由于长期聚集居住,人们之间容易形成相互信任感、依赖感,愿意提供帮助,这是村庄社会资本的重要表现形式。

(2)金淮村在外务工人员较多,并且十分乐意向村里捐赠,这是居家养老服务中心顺利运转的关键。近几年来,在外办厂的商人几乎每年都会向村里捐款并提供就业机会,这些捐款主要用于两方面,一部分用于集体,另一部分用于困难户。而吕良镇的其他村,在外精英少,有的村即便有,基本上也没有过向村里捐赠的行为,有的村干部直接表示:"根本谈不起来,我们不给他们钱就不错了。"

(3)金淮村的村民志愿服务意识强,这是该村地缘组织较为成功的重要原因。调查发现,农村征集志愿者普遍较为困难,即使是上级要求成立志愿者服务队,很多村也只是上报名单应付检查,实际上没有起到任何作用。这与村民素质、观念有很大关系,一般来说,村民没有太大意愿和动力去做志愿者。首先,自己家里有老年人要赡养,没有过多时间照顾其他老年人;其次,志愿者服务工作没有任何报酬。有的村干部表示:"志愿服务本身就是自愿性质的、无偿的,不可能强制某个人去做。"但在对金淮村村民的调查中发现,村庄邻里关系十分紧密,村民间愿意互相帮助,在条件允许的情况下,愿意从事无偿的志愿活动,这也是该村居家养老服务中心能够成立的原因之一。

3.业缘性制度资本提升了村委会的可信度

(1)对村干部的认可度高。在农村年轻人外出务工之后,村庄空心化严重,与老年人打交道最多的就是村干部,村民与村干部之间的关系变得较为密切,邻里组织社会资本不断增加。在某种意义上,村民们生活质量与村委会工作是否得力呈正相关性,村民、村委会、村干部之间的联系是嵌入在一定的制度范围中,并形成可被行动者利用的业缘性制度资本。

调查显示,金淮村村民对村干部的认可程度普遍较高,在"村内部是否团结"的问题上约有50%的村民表示还可以,47.2%的村民表示很团结,只有2.8%的村民表示不清楚。一位村民说道:"肯定团结,不然这个村怎么发展得这么好!"可见,该村经济的不断发展与其内部团结密不可分。金淮村内部,村民之间互帮互助,集体观念较强。尤其是特殊困难群体需要帮助时,村民大多积极参与捐赠,展现出了淳朴的村风民风。相比之下,很多村在这方面尚有欠缺。

这种地缘性和业缘性制度资本交织在一起,催生了村庄治理的新秩序,提供了村民参与社会生活的平台,成为很多农村老年人获得社会关爱、心理慰藉的主要场所。

(2)村干部领导力强。从调查数据来看,约有97%的受访者对领导班子表示比较满意。一些村民认为,村里有什么事找村干部基本都能解决,村干部吃苦能干。还有一些村民认为,村庄和村干部配合得很好,村干部定位清晰,互相不拆台。成立居家养老服务中心是国家所提倡的,虽不是强制要求,但该村村干部能够予以重视,并率先提出将原有的居家养老服务站改造升级为居家养老服务中心,体现出强烈的为民办实事的决心。如今金淮村是吕良镇镇内,唯一一个拥有标准化居家养老服务中心的村庄。

在走访过程中,谈及"您认为本村能够成立居家养老服务中心,而其他村却未能成立最主要的原因是什么"这一问题时,有村民回答道:"还是领导带领得好,起的带头作用好。要是不办这个居家养老服务中心,这么多年不是也行吗?但是他们把这个项目争取下来了。"村干部是否有所作为关系到整个村子的发展和村民幸福。在询问村支书同样的问题时,他表示:"最主要的原因是要有为民服务的理念和决心,如果将这个因素转移到其他村,它们也可以实现升级。"一个项目的成功一定是各种因素综合作用的结果,但不管怎样,带头人所起到的作用是绝对不可忽视的。村干部作为业缘性制度资本的践行者,其个人能力对于推动村庄信任的达成影响至深。

(3)村干部理念新。金淮村居家养老服务中心得以成立的一大原因是村支书的大力推进,调查中村支书表示,他比较看好建设居家养老服务中心,认为用这种方式进行集中养老是我国未来农村养老的必然趋势。因此,在2013年国家相关政策出台伊始,他就立即行动起来。

金淮村村支书表示,在如今农村空巢老人日益增多,大多数子女无法在其身边履行赡养义务的大背景下,建设标准化、规范化的居家养老服务中心,帮助照料老人和提供养老服务,无疑具有十分重要的意义,是非常符合我国目前农村养老发展趋势的。"这是一种过渡性的养老方式,起到承上启下的作用,子女暂时不在家,由村里提供日间照料,而老年人最终的去处有两个:一是进养老机构,二是在子女身边由其照顾。对于建设居家养老服务中心,我认为村干部最重要的是要摆正观念,树立信心。"

村干部作为业缘资本的连接点,其理念的差异对工作的影响,直接在实践中体现出来。笔者在吕良镇其他村调查时,很多村干部却并不看好居家养老服务中心的未来发展前景,他们认为原因主要有三:第一,没有人愿意去,大多数人比较喜欢待在自己家里,更方便,只有特定对象会去服务中心;第二,村里人手不足,服务人员跟不上;第三,资金不足,这可能也是最重要的一点。

通过多地调查来看,大部分村干部并不重视养老问题,养老工作在该村工作议程中尚处于较为边缘化的位置。还有一些村的村干部认为,解决养老问题只能依靠政府。而对于成立居家养老服务中心,政府的补贴太少,还需要村里出钱,经济上无法支撑,他们认为这些都只是形式主义。

4. 政府的大力扶持直接促成养老服务中心成立

成立居家养老服务中心的前提是要先有居家养老服务站,但不管是服务站还是服务中心,都需要提前向上级申请,而且每年名额有限,最终都要由镇来决定和安排哪些村可以开办。

金淮村之所以能建成居家养老服务中心,与上级政府的重视直接相关。金淮村以前属于远近闻名的贫困村,后在税务局、村老年委等单位的大力帮扶下逐步发展起来,与政府部门的联系较为密切。该村前任村支书说:"吕良镇金淮村是金湖县独特的一块牌子,叫贫困村,各单位都要进行扶持。相对于其他村,我们村得到的上级扶持是最大的。"建设居家养老服务中心需要大量资金投入,尽管金淮村曾自筹资金建了养老服务站,然而同期建了服务站的并非只有金淮村,但是吕良镇甚至全县却只有金淮村的居家养老服务站发展得最好,得到的资金最多。

在走访各村村干部的过程中发现,大家都表示政府的支持是非常重要的因素,"如果政府可以多拿出一些资金支持,那可能会弄得更好"。虽然各村的实际情况有差别,如受地理位置分布的影响,有的村居住较分散,有的村较集中,分散则相对不利于居家养老服务中心的建设及其作用的发挥;受村干部能力、观念等影响,即使政府可以为其创造条件也不一定会使他们重视此事,但毫无疑问,农村资源的稀缺性决定了支持型的社会组织只有在政府的大力扶持下才有机会办成、办好,这也是金淮村能够成功将居家养老服务站改造升级为居家养老服务中心的最主要原因。

(五)居家养老服务中心发展的制约因素

1. 服务人员缺少专业培训

金淮村居家养老服务中心内的服务人员目前还没有实现专职化,缺乏稳定性与持久性,服务工作的开展容易受到多重因素的影响,不能为老年人提供全面而及时的服务。服务人员素质有待进一步提升,目前除了一名专职人员接受过培训之外,其他服务人员均未接受过专业的培训,很难真正满足老年人的各方面需求。同时,服务人员几乎没有任何报酬,缺少必要的激励因素,不利于服务工作的高效和持续开展。

2.养老服务内容单一

服务人员上门提供为老服务的内容较为单一,仅是打扫卫生这类简单的事情,缺乏对老年人身心的照顾与关怀。居家养老服务中心所提供的服务主要针对较为年轻的老年人群体,他们具备一定的行动和劳动能力,参加养老服务中心活动的目的是打发时间、解闷,服务人员所提供的服务对于他们来说并不是必要的。对高龄失能老年人而言,他们基本上享受不到服务中心所提供的各项服务,不管是设施上的还是人员上的。相比前者来说,他们更需要得到服务人员的特殊关照,而现在居家养老服务中心还尚未实现对高龄老年人的特殊服务。

居家养老服务中心的设备利用有限,来到这里的老年人大多只是聊天、打牌,偶尔会利用健身器材运动,除此之外一般没有其他的娱乐活动,这也反映出居家养老服务中心对老年人的需求了解不够,因而也就很难吸引更多的老年人前来活动。

3.服务中心后续资金不足

金淮村居家养老服务中心的建设虽然已达到国家相关标准要求,但依然处于初级阶段,要想更好地为老人提供服务,发挥更大的作用,势必需要更多的资金投入。虽然相比其他村,该村已经得到政府极大的扶持,但要满足人员、设备、服务等众多方面的投入来保证居家养老服务中心的有效运作,现有的资金显然不够。该村村支书表示:"如果资金投入足够,就可以形成衣食住行一条龙服务,相信会有更多的老年人愿意前来,愿意选择这种养老方式。"

五、合作社型社会组织参与农村养老服务的实践样态

(一)合作社型养老组织的特点

近年来,一种新型的养老模式——合作社养老开始在农村兴起。[①] 随着社会的发展,合作社型社会组织逐渐成为推动农村发展的重要组织力量。

目前很多地方已经出现了合作社参与农村养老供给,如河北、湖北、江苏、河南、安徽等地,合作社通过土地流转等方式为入社老年人提供日常照料、医疗、休闲娱乐等养老服务,或为身体健康的老年人提供参与集体种植的机会,提升老年人自我养老能力。根据经济社会发展状况,各地的合作社参与养老实践的形态不一样,侧重内容亦有所差别,但共同点是出现在农业经济较为发达的中部和东部地区。

合作社作为互助性经济组织,[②]逐渐成为引领农村发展的重要组织力量。其目标是通过商品和服务的供给为会员创造福利,将村民组织起来。随着全球老龄化程度加深,合作社的功能也发生了变化,开始关注社会服务并开拓新的领域,如日本的农协就涉足养老保险、保健事业,组建特别养老院等。

长期以来,我国一直将合作社定位为经济组织,以促进农业发展、农民增收为目的,忽视了其社会服务属性。将合作社与农村养老结合起来,使合作社成为农村养老服务供给的主体之一,可以为农村养老提供一种新思路。

从合作社发展的历史看,农民合作社是个体农户应对市场化进程中不确定性风险的产物,农户追求组织化的潜在收益是他们加入合作社的内在动力。从实际情况可知,合作社介入农村养老服务供给就是为了解决个体农户的养老难题,拓宽合作社服务范围,增强养老服务供给的合力。

2017 年中央一号文件就深入推进农业供给侧结构性改革,提到农村要积极发展规模化农业,支持农业合作社等新型农业主体发展。政策支持下,合作社的服务内容得到了较大程度拓展,呈现如下特点。

---

① 根据国际合作社联盟的定义,合作社是指人们自愿联合、通过共同所有和民主管理的企业来满足共同的经济和社会需求的自治组织,范围覆盖生产、流通、消费、金融及给社员生产生活带来便利的各类服务领域。

② 李俏,孙泽南.合作社融入农村养老供给的逻辑、模式与效应[J].西北农林科技大学学报(社会科学版),2021,21(1):114-122.

1.实践形态多元化

以河北肃宁益源合作社和湖北赤壁曙光合作社为代表的合作社,以土地流转方式为入社老年人免费提供食宿、医疗、休闲等服务。以江苏宜兴丰汇水芹专业合作社为代表的合作社,则动员有劳动力的老年人参与水芹种植,并通过深加工的方式为老年人提供更多就业机会;对于失能老年人,该合作社以土地流转的方式帮助他们获得养老增值服务,强化其养老保障。

2.资金支持多样化

以河南灵宝市弘农沃土合作社为代表的专业合作社,通过社员缴纳入社费、募集公益金等方式,为老年人提供日间照料以及文娱活动。河南郝堂村夕阳红养老资金互助合作社将养老和金融相连,以合作社内部资金互助的形式来促进经济发展、增加村民收入,并以资金的形式给予老年人经济支持或日间照料。

3.养老管理民主化

老年人作为养老需求主体,以土地或闲置农宅为基础加入合作社。合作社的养老实践按照"民办、民管、民受益"的原则,实现农民群体的共同利益与个体利益一致,如河南郝堂村夕阳红养老资金互助合作社、安徽阜阳南塘兴农合作社等。这一方式降低了农户的家庭养老费用,也提升了乡村养老合力。

总体来说,合作社从入社老年人的自身需求出发,有针对性地提供养老服务,既实现了社会效益,也增强了农民对其的认同感。

(二)合作社参与养老的典型样态及样本介绍

关于合作社参与养老的典型案例分析,笔者采用了实地调查与文献研究相结合的方法,选取了河南郝堂村夕阳红养老资金互助合作社、安徽阜阳南塘兴农合作社、江苏宜兴丰汇水芹专业合作社为研究对象。选择这三个合作社予以研究,基于以下几点原因:一是它们是国内农村养老服务供给较为知名且较为成功的合作社;二是它们是具有产业支撑的真正合作社;三是它们是自发组织提供养老服务的内生型案例。

从农村养老服务的供给主体来看,农村合作社参与养老的模式主要有以下几种:政府主导、社会组织主导、村社一体,其代表组织分别为河南郝堂村夕阳红养老资金互助合作社、安徽阜阳南塘兴农合作社、江苏宜兴丰汇水芹专业合作社。

1. 政府主导型

郝堂村位于河南省信阳市平桥区的东南方向,面积约 16 平方千米,地处大别山余脉,依山傍水,自然环境优越。但郝堂村由于地理位置偏僻导致经济发展落后,缺乏产业支撑,农田撂荒严重,年轻人口大量外流,卫生环境脏乱,公共基础设施老旧等,逐渐呈现空心化状态。

2009 年,在信阳市平桥区政府的组织下,采用政府财政拨款、乡贤入股、集体资金和社会募集捐款的方式建立了夕阳红养老资金互助合作社。该合作社的 7 位发起人每人出资 2 万元;第一批加入合作社的老年社员每人入股 2000 元,15 位老年人,共计 3 万元;平桥区科技局代表区政府入股10 万元;学者李昌平领导的河北大学中国乡村建设研究中心(乡建院)入股5 万元;郝堂村村委会入股 2 万元,共计 34 万元。该合作社面向郝堂村发展养殖业、服务业和种植业,并发放贷款,成立 3 个月后开始第一次分红。

该合作社的宗旨是"资金互助促发展,利息收入敬老人",并通过两权(决定贷款权和否决贷款权)分离制度降低风险,即村民必须同时获得两位以上入社老年人的"人品评定"和理事会的批准才能够贷款,贷款审批权在老年社员,否决权在理事长领导的理事会。合作社章程规定,每位村民的贷款金额不能超过合作社总资金的 5%,合作社每年获取利润的 40% 用于分红。

(1)合作社优点。长期以来,虽然国家政策要求银行为农民提供贷款,但难以落实。农民拥有的土地、森林、水面、房屋等资产,无法变为现金。因为缺少抵押物,正规金融机构不愿意为农民提供抵押贷款。该合作社采用内置金融的方式激活了农村土地产权,提高了农民的抗风险能力。

内置金融概念是由学者李昌平提出来的,指在村庄内部采用金融互助合作的手段,把村民重新组织起来,将空壳村社组织改造成能造血输血的农民组织。这种内置金融模式的特点是以农村土地金融为基础,依托乡土熟人社会关系,将村民内部多余的资产汇集起来,实现更加有效的投资造血和可持续利用。合作社章程规定农户的承包地、林地等是可以用来抵押贷款的,这极大增强了农民的借贷能力。

郝堂村以内置金融模式,解决了农村资金大量外流、资金不足的问题。同时,合作社以分红的形式把资金利息给老年人,以解决农村养老问题。

(2)合作社成功的原因。在合作社的建设中,离不开乡村能人。村主任胡静对合作社的成立至关重要,她凭借自己的号召力,仅仅 10 天筹集到 14

万元种子资金。此外,该项目获得了平桥区政府的大力支持,平桥区政府通过科技局拨付 10 万元启动资金。村支两委在配合外来资源以及调动内部资源方面也发挥了重要作用。村委会积极调动村民的参与性,该项目的管理章程是由首批发起者讨论出来的,一些在外地经商、打工的出资人专程返回,一起参与讨论。

合作社不仅把农民的土地变成金融资产,同时提高了老年人的社会地位,还为农民的生产联营和消费合作、土地向合作社流转奠定了基础,巩固了村社共同体。

(3)制约因素。资金监管面临风险。合作社规模扩大后,现有的投融资渠道就显得较为单一。合作社的入社资金,以定期存款的形式存放于中国银行,仅获取银行存款利息,货币财产的增值收益很少。合作社的理事和监事都是本村农民,不太了解如何利用资金,合作社的资金面临管理和监督风险。

养老需求难以满足。郝堂村的内置金融模式有助于改善老年人的生活,但这种模式局限于村庄内部,资金回报率低,在提升老年人福利方面的作用有限。对郝堂村这种在乡村建设方面已取得一定成效的新农村而言,村子里 60 岁及以上的老年人数量在不断增加,但内置金融合作社的资金需求无法扩大,导致入社老年人每年的分红一直停留在 400—500 元。合作社刚成立的时候,分红具有一定吸引力,但在消费高企的今天,几百元的分红难以满足老年人当下的养老需求,发挥的作用极其有限。资本收益率的减少降低了村民的储蓄和投资意愿,而贷款的停滞加剧了合作社资本流转的难度,影响到合作社的持续运作。

养老功能逐渐退化。随着合作社里新社员越来越多,老年社员所占比例逐渐下降,合作社的养老功能逐步弱化,原来的资金用于村社内部的各项建设,如村庄水系和道路规划,并筹建了养老服务中心、文化广场等公共服务场所。

2.社会组织主导型

安徽省阜阳市南塘村,位于皖北地区,由 9 个自然村组成,以小麦、玉米种植为主。南塘兴农合作社成立于 2003 年 7 月,发轫于南塘维权协会。1996 年前后,南塘村农民负担加重,伤农坑农事件层出不穷。在此情况下,南塘村民联合上访,非理性的方式导致政府与维权群众之间发生冲突。1998 年,在外读书的杨云标回到家乡成立维权协会,集合村民力量进行理性维权。2001 年,随着遗留问题的解决,以杨云标为首的维权协会声望急剧上升。

(1)合作社的产生。随着城市化进程的加快,大量青壮年外出打工,空心化的村庄中人心涣散,维权造成的裂痕导致人际关系疏离。为了凝聚民心,在维权协会的基础上,南塘村成立了老年协会和妇女协会。老年协会组织文艺演出队,积极投身于乡村公共生活的建设。

2003 年 7 月,在维权协会的基础上,南塘村民组建了南塘经济合作社。经济合作社秉承民办、民营、民受益的原则,带动更多的村民共谋发展。合作社成立之初以每户参股的方式,动员村民自愿认股加入。2004 年,经济合作社与老年协会、妇女协会合并,更名为南塘兴农合作社,并逐步覆盖附近乡镇。2005 年 5 月 20 日,合作社又组织成立了资金互助组,与兴农合作社一起推动当地乡村建设。2007 年 7 月 30 日,南塘兴农合作社获得阜阳市工商行政管理局的批准,取得了农民专业合作社法人营业执照,正式成为具有法人地位的合法组织。

《兴农合作社章程》规定了社员大会是合作社的最高权力机关,下设理事会、监事会。理事会是合作社日常领导机构,理事长 1 人,副理事长 2 人,理事 4 人。合作社的理事会和监事会成员由社员代表大会选举产生。在理事会下设合作小组,由各理事分管相关事务。

南塘村兴农合作社的服务内容涵盖了老年活动、乡村文艺演出、妇女健康自救、农村政策宣传、社区生活建设等。由于合作社成员主体是老年人,合作社的运行内容里老年协会的各项活动占了大多数。南塘村老龄化程度较高,留守老人以自我养老和子女供养为主,但子女间互相推卸责任不愿意赡养父母的现象常有。鉴于此,合作社在社会力量资助下,每年开展助老敬老公益活动,倡导子女孝顺长辈,实现"老有所依、老有所养、老有所为、老有所乐"。

养老服务方面,合作社依然保留老年协会的传统,为老年人提供活动和交流的场所,在老年人维权、协调家庭矛盾方面积极提供帮助。经济方面,合作社向老年人发放一定比例的敬老股,老年社员的收益高于普通社员。此外,合作社还为老年人提供工作支持,让老年人在增加经济收入的同时获得认可。精神文化方面,合作社每年划拨专项资金组织敬老文化节,并为老年人举办集体生日活动,让老年人融入村庄的公共生活。

(2)制约因素。资金来源与组织营利能力差。作为经济组织,南塘兴农合作社提高了农户抵御市场风险的能力,节省了生产成本,增加了农户收益,这是其优势。然而,作为脱胎于维权协会和老年协会的政治维权类组织,兴农合作社的产业短板也十分明显,缺乏产业支撑,只有少量农业生态示范性实验,资金经营运作上主要依赖社会组织和政府的相关项目支持,营利能力相对较弱。

组织内部矛盾突出。合作社成员主体是老年人,很少有年轻人加入。合作社看起来更像一个老年联合体,缺乏农业生产合作的主动性。而监督机制的缺失导致合作社出现信任危机,严重影响组织的进一步发展。

3. 村社一体型

丰汇水芹专业合作社成立于 2008 年,地处鱼米之乡的江苏省宜兴市万石镇后洪村,该村世世代代以种植水芹为业。随着青壮年大多去大城市打工,村里留下的大部分是留守老人。合作社成立之前,后洪村大部分老年人依靠种植水芹维持生计,传统的水芹由于种植面积少、收益差、抗风险能力低,种植的老年人越来越少。由于农业生产收益较少,很多老年人宁愿土地撂荒,靠子女供养生活。

为提高老年人自我养老的能力,增加老年人的收益,后洪村村委会利用本地水芹种植的优势,发展了"合作社+公司+基地+农户"的运作模式,即动员农户加入水芹专业合作社,成立技术标准统一的公司,建设种植基地,由公司集中管理和负责销售。据此,合作社把水芹卖至长三角周边城市,甚至远销北京等地。合作社通过为能正常生产劳作的老年人提供就业机会,增强老年人抗风险的能力,最终达到全村老年人"抱团"抗风险、增收益,实现老有所养、老有所依的目的。

首先,观念上树立合作社在养老中的作用。后洪村通过土地流转,鼓励有劳动能力的老年人进入合作社,让老年人从事其最擅长的种植业,满足老年人就地养老的愿望。

由于城市生活成本高昂,后洪村老年人进城意愿低,更愿意留在农村生活。合作社对入社老年人进行统一管理和指导,在提高老年人自我养老能力的同时,通过集体互助生产的形式,共同抵御市场风险。种植收益帮助老年人减少了对子女的经济依赖,晚年生活过得更加舒心,有尊严。很多老年人表示,自从村里成立了合作社,不仅可以赚钱,而且日子过得更舒坦。

其次,实践中享受到合作社带来的养老福利。合作社的工作人员会对入社老年人进行专门技术指导,并统一组织销售,让老年人无后顾之忧。统一管理后的水芹种植能带来较为可观的利润,为老年人生活提供稳定的经济收入。合作社还进行技术创新,开发了水芹加工,为不同劳动能力的老年人提供不同的就业选择。后洪村村书记表示,一个农户可以种五六亩地,手脚勤快的,1 亩地收入可达近 2 万元,手脚慢的也有 1 万多元的收入,种植最多的农户一年可以有四五十万元收入。在身体状况许可的情况下,老年人会扩大种植面积,为养老的自我保障积累更多的经济资本。

再次,土地流转可以实现"以地养老"。水芹种植的成功,吸引了大批外地农民前来承包土地,失能老年人可以通过土地的流转来获得收益,行动不便的老年人可以给种植大户打下手,通过挑拣水芹、整理装箱来补贴家用。这实质上就是通过市场化的方式,将原本封闭的家庭耕作集体化、产业化,从而解决农村养老问题。

此外,种植收益可以用来改善村庄环境。合作社将部分收益用于村庄公共服务建设,改善人居环境,如改善村庄内部的卫生环境,对村庄道路进行提质改造,并鼓励老年人参与美丽乡村建设。老年人在贡献了自己力量的同时还增加了收入,充分感受到了合作社带来的变化。

最后,合作社为老年人带来了丰富的精神享受。由于种植水芹,老年人经济独立,同时又打发了闲暇时间,丰富了自己的精神生活。老年人反映,以前空闲时只能在家里看电视,或找邻居闲聊;加入了合作社后,种植有了收益,日子越过越有滋味。水芹养老模式让老年人有获得感、存在感,维护了老年人的尊严,肯定了老年人的价值。

虽然合作社给老年人带来收益,提高了他们的晚年生活质量,但是,与其他合作社一样,水芹专业合作社也面临很多现实问题。种植水芹劳动强度较大,身体素质要求高,老年人一旦生病或劳动能力下滑,就无法持续下去。尽管目前合作社在开发水芹新产品,延长相关产业链,让老年人有更多的就业机会选择,然而现实问题是,依靠市场化运作的水芹专业合作社,在劳动力充裕的情况下很可能不再雇用丧失劳动力的老年人。

(三)合作社参与养老的内在动因

合作社的成长源于对农户提供的服务,农户加入合作社的内在动力是组织化潜在收益。[1] 由于合作社能够有效地将村民组织起来,其内生性的发展优势十分明显,可以解决农户个体无力应对的养老难题。作为非营利组织,合作社的目标是提供公共产品和多样化的服务,为成员创造福利。

合作社参与农村养老服务供给的一个重要原因是,其服务内容日趋多样化和综合性加强。相关研究表明,合作社的综合性发展已经成为一种国

---

[1]　黄季焜,邓衡山,徐志刚.中国农民专业合作经济组织的服务功能及其影响因素[J].管理世界,2010(5):75-81.

际化发展趋势。[①] 在人口老龄化的大趋势下,合作社的老年人增多已不可避免,在此情形下,合作社势必要改变原来单一的运营模式,开发拓展新的功能。在现代农业融合背景下,合作社已从农技推广、土地托管等生产性服务向社会性服务领域拓展,其经营范围的扩大和功能的延伸为合作社参与养老服务供给提供了可能。

农村土地流转为合作社参与农村养老服务供给提供了物质保障。目前,在运作模式上,参与养老服务供给的合作社要求老年人以土地流转的方式入股,以土地流转的应得收益来抵扣合作社养老服务的费用。这种模式,一方面给予了合作社稳定的收益,促使合作社为了保住土地向老年人提供养老服务;另一方面,老年人获取了养老资源。老年人通过土地流转获得了收益,保障了晚年生活。

（四）合作社参与养老的制约因素

1.合作社参与养老服务供给的相关法律法规不完善

我国合作社参与养老实践是各地的合作社根据自身需要而自行组织实施的,具有很强的地方特色。合作社的成员主要是本村的村民,只能提供最基本的生活照料或补贴,养老服务内容少,供给方式有限。由于资源禀赋的差异和农村经济发展水平所限,不同地区合作社的实践形式和发展过程有所不同,所涉及的合作社养老保险仍处于探索过程。迄今为止,关于合作社养老的法律依据也不健全,《老年人权益保障法》和《农民专业合作社法》中均没有涉及合作社养老的相关内容,也没有明确其法律地位,对于提供养老服务的合作社设立、登记和运作都找不到相关法律依据。[②] 合作社养老事实上处于一种尴尬的局面。

2.资金过于依赖合作社运营状况

目前,我国合作社参与养老服务供给的运营资金一般是通过将农户的物质资源流转来实现的,如转让农民土地、闲置农房和闲置资金等,这不但增加了农民收入,还增加了公共福利。虽然合作社参与养老服务部分地解决了农村老年人的养老需求,为加入合作社的老年人提供了日常照料、医疗保障、沟通交流等养老服务,但合作社用于养老服务的资金来源途径单一,

① 苑鹏.日本综合农协发展经验及其对中国农村合作社道路的借鉴[J].农村经济,2015(5):118-122.
② 阴启峰,秦立建.乡村振兴背景下完善合作社养老模式研究[J].中国合作经济,2020(9):63-66.

严重依赖合作社的经营效益。合作社在生产经营过程中存在着各种不确定风险,运营一旦出问题,将影响合作社的正常运作。政府在土地供应、社会激励、税费优惠等方面对合作社没有特别的扶持政策,使社会组织参与合作养老存在不稳定性,影响合作社参与养老服务的发展。

3.合作社参与养老服务供给水平低

农村合作社在养老服务的基础设施、人员配备和设计方面仍存在很大差距。传统养老观念的转变,对养老服务的质量提出了新要求。目前,我国各地参与养老服务的合作社,其管理和服务人员大多来自村庄内部,受教育水平较低,没有接受过专业和系统的养老服务培训。合作社缺乏专业化的养老护理人员,也没有建立志愿服务体系,养老基础配套设施不足、资金供给不足等影响了合作社参与农村养老服务供给的水平。

4.养老服务认可度低

首先,社会各界对合作社参与养老服务的情况不了解。学界对合作社参与农村养老的实践研究较少,亦缺乏明确界定。公众对合作社参与养老服务也不了解,甚至根本不知道这一模式。其次,合作社的养老服务供给质量存在差距。由于养老服务质量参差不齐,人们对合作社参与养老服务始终持怀疑态度。最后,合作社参与养老服务覆盖面窄。合作社的资金主要来源于合作社的收入或者社员缴纳的会费,金额极其有限,加之外部融资不稳定,导致养老服务只能在有限范围进行。

从上述三种合作社的养老实践看,农村合作社作为一种互助经济组织,通过养老社会组织参与养老实践,将经济和社会效益、合作社利益和加入合作社老年人的利益联系在一起。老年人作为养老需求的主体,通过将宅基地或闲置房屋流转等获得养老服务,既减少了家庭支出,也减轻了基层政府的压力。合作社作为养老供给的主体,通过参与农村养老事业,实现社会效益,履行社会责任。通过对物质资源的统一管理,提高农民的资源利用效率,实现规模经济。同时,合作社的收益可以为养老服务提供资金支持,将生产经营与社会服务有效挂钩,提升了合作社养老的服务质量。

第八章 农村养老服务的
供给侧结构性改革路径

通过前面的分析可知,现实生活中,有不少社会组织通过这样或那样的方式参与农村养老服务供给。农村养老服务需求和供给的矛盾在社会组织的积极参与下有所缓解,农村固有的社会资本(血缘性文化资本、地缘性组织资本和业缘性制度资本)亦为社会组织的参与提供了较为丰富的资源,宽松的政策环境和外来资本的介入更是强化了农村养老服务供给。

尽管如此,农村养老服务需求与供给的矛盾依然存在,受制于社会组织自身的局限性,农村养老服务中多元主体的参与只是在一定程度上纾解了农村养老服务供需的矛盾。调研中,可以发现,真正起作用的是政府的"兜底"和保障。

一、元治理理论与养老服务的逻辑联系

(一)元治理理论

20世纪80年代,面对政府失灵、市场失效的困境,西方社会开始寻找解决公共事务的途径,公共治理作为"第三条道路"被提出。奥斯特罗姆通过研究公共事务的治理,提出治理模式多元化,即政府、市场、社会的相互合作、竞争及制衡,可以弥补公共服务供给的不足。这种多元主体合作供给模式在一定程度上能缓解政府单一供给方式所带来的问题,更灵活、有效地满足公众的需求,因而广受关注。

然而,多元合作的主体越多,合作主体的关系就越复杂,难以处理它们之间的关系,因而在决策时达成一致意见的时间会延长,影响合作效率,并衍生出各合作主体的权利和责任边界模糊,以及问责困难等问题。因此,多

中心治理模式虽然强调政府、市场、社会三者合作，由于缺少组织者与协调者，从而导致公共服务多元主体合作供给失灵。[①] 在此背景下，为适应复杂的社会变化环境，避免治理失灵，元治理理论应运而生。

元治理理论的概念最早是由英国政治理论家鲍勃·杰索普提出的，旨在对市场、国家、民间社会的治理形式、力量或机制进行重新组合。元治理理论在保留了多中心治理理论框架的基础上，更强调政府的重要性。[②] 与多中心治理理论强烈的"去国家化"倾向相异，元治理理论强调政府在社会治理中应承担更多的责任，不仅是一个权威机构，更重要的是指导社会的发展，为社会运行确立行为准则。

在杰索普看来，"元治理"是作为"治理的治理"来对国家、市场、社会的治理形式、力量或机制进行一种宏观安排。相较多中心治理理论，元治理理论强调治理中各个主体之间的权力分配应达成平衡，实现市场与国家、正式组织与非正式组织、社会与国家之间的平衡。

元治理理论产生以后，对发展中国家影响较大，元治理理论所强调的"强政府"和国家的元治理角色，更契合发展中国家的诉求。由于发展中国家缺乏实力强劲、发育完全的经济和社会组织，在向发达国家转型的过程中，必须依赖国家的强力推动和保障，政府的主导作用是不可替代的。

（二）养老服务中多元合作供给模式的失灵

1. 养老服务中多元合作供给的困境

随着老龄化程度持续加深和城镇化的快速发展，传统的家庭养老模式已难以为继。政府作为公共服务供给者，面对数量庞大且需求各异的老龄人口，必须借助市场和社会组织等资源进行养老服务供给分配。从 20 世纪末开始，萨拉蒙、奥斯特罗姆等学者就从理论上论述了公共服务中的多主体参与，推动了公共服务供给中的多元合作。运用社会力量应对老龄化困境，发展多元合作供给的模式成为养老服务的方向。

随着老龄化进程加速，国家相继出台了养老服务方面的政策。2013 年之后关于加快养老服务业发展的政策提出，既要坚持政府为主导，也要发挥

[①] 张举国."一核多元"：元治理视阈下农村养老服务供给侧结构性改革[J].求实，2016（11）：
80-88.

[②] 杰索普认为，"虽然治理机制可能获得了特定的技术、经济、政治和意识形态职能，但国家（政府）还是要保留自己对治理机制开启、关闭、调整和另行建制的权力"。

社会力量等多元主体的作用。2017年颁布的《"十三五"国家老龄事业发展和养老体系建设规划》支持社会力量兴办养老机构,加快推进养老服务业"放管服"改革,并对民间资本和社会力量申请兴办养老机构进一步放宽准入条件,激发市场和社会的活力,使养老服务和产品的供给主体多元化。政府可以通过购买服务的方式积极引导市场、非营利机构、社区等其他主体充分介入养老服务;同时,还需推动市场、社会组织、社区等多元主体的共同参与。

　　虽然国内养老服务供给体系初步呈现出多元化的态势,但笔者通过对各类社会组织参与农村养老服务的实证研究发现,多元主体之间的合作并未达成一致。在调研中发现社会组织在参与农村养老服务的供给中或多或少都存在一些问题,如自组织型社会组织缺少政府支持;服务型社会组织的政策掣肘大,老年人入住意愿低,风险防范能力弱;支持型社会组织提供的养老服务内容少,服务人员不专业,后续资金不足;合作社型社会组织的法律法规不健全,养老需求满足程度低,资金监管有风险,组织内部矛盾突出。这些因素严重制约了社会组织的进一步发展,也影响了农村养老服务的供给。从调研情况来看,我国多元主体的养老合作机制尚未构建完成,只能称之为形式上的多元合作。

　　2.养老服务中多元合作供给困境的根源

　　(1)长期以来,我国社会福利呈现出城乡二元分割的局面,农村养老服务供给中政府长期缺位,城乡差距较大。新中国成立后,农村养老服务供给经过70多年的发展,从对农村孤寡老人的救济与供养到农村养老服务体系的建立,我国农村养老服务供给在不同时期也经历了不同程度的发展与改革。改革开放以前,在农村基本是由家庭承担养老责任,养老服务供给是依附于五保供养而发展起来的一项村集体福利事业,国家只在宏观性政策上予以引导。

　　随着城市化进程加速,虽然家庭以外的社会力量受到重视,但长期以来国家仍然不承担农村养老服务的供给,也没有承担相应的财政责任。直到农村税费改革后,农村养老服务才从五保供养中独立出来。①

　　由此可见,长期以来,我国养老服务社会化程度低,政府的财政投入严

---

① 黄俊辉.农村养老服务供给变迁:70年回顾与展望[J].中国农业大学学报(社会科学版),2019,36(5):100-110.

重不足,导致农村养老服务发展远远落后于城市,存在着养老服务体系不完善,法律法规不健全,资金监管不到位,准入登记门槛过高等问题。

(2)尽管社会组织在养老服务供给中发挥着越来越重要的作用,政府也试图通过鼓励、支持社会组织参与养老服务,缓解农村养老服务供不应求、供给主体单一的困境,然而受各种因素制约,我国社会组织参与农村养老服务供给的效果并不理想。在"双重管理体制"的制约下,在地位上,社会组织无法与政府平等合作;在认知上,社会组织将自己视为政府购买公共服务的第三方工具;在行动上,社会组织缺乏参与公共事务的主动性和自觉性;在资金和人员上,募资难,专业人员缺乏。在农村养老服务供给的实践中,社会组织参与养老服务同样面临失灵问题,集中表现为人力、物力、财力困境,多中心治理局面难以形成,社会组织参与养老服务的作用有限。

(3)要实现养老服务社会化的目标,关键在于引入市场机制,由市场进行资源的有效配置,提高养老服务供给效率,满足不同层次的养老服务需求,以缓解政府和社会组织养老服务供给不足的状况。

长期以来,我国农村民办养老机构整体数量偏少,发展不平衡,质量参差不齐,养老费用与农村老年人实际收入存在偏差,养老服务供给需求存在一定的矛盾。近几年来,农村留守老人日渐增多,乡镇敬老院不能满足农村老年人养老需求,因而催生了农村民办养老机构。但受制于种种原因,农村市场化养老一直未能取得理想的效果。

(三)元治理理论与养老服务供给契合的优势

作为对多中心治理理论的反思和修正,元治理理论提出政府应该在治理体系中担当主角,发挥中轴的作用。农村老龄化是中国社会无法回避的社会问题,从前文的分析中可知,尽管在农村社会中存在多元主体的参与,但由于政府、市场失灵,事实上农村老年人养老难的局面并未得到本质上的缓解,农村养老服务供给上的人力、物力、财力困境依然存在,原因主要在于政府主体责任的缺失。

元治理理论在某些方面似乎和多中心治理理论相同,但有本质上的区别。多中心治理理论强调去中心化,主张多主体协作,忽略了如何处理政府与不同协作者之间的关系,以及如何达成合作。元治理理论则在注重效率的同时将国家视为治理的中心,因而更加注重政府的责任而非权力,这恰恰是解决留守老人问题所需要的。学界将元治理理论应用于农村养老服务的研究不多,这与长期以来强调养老的多元化参与有关。部分学者已经注意到这个问题,并尝试运用元治理理论破解农村养老困境。

我国农村多元化养老服务供给体制之所以难形成,除了在养老服务供给过程中政府、市场和第三部门失灵外,还与长期以来"重城市、轻农村"的发展思路有关。在学理上,元治理理论与农村养老服务供给强调政府核心地位和主导作用相契合。[①] 但在当下,农村的养老服务中家庭仍是供给主体。因此,实现养老服务社会化,需要政府、家庭、市场以及志愿组织等主体协同发力。[②] 尽管学界倡导多元主体参与农村养老服务供给,但在实际操作中,各主体受制于自身发展的局限性,这种模式反而容易引发主体间功能角色错位,阻碍多元主体协同发力,并不能带来养老服务效能的提升。要解决这一矛盾,需要从制度层面重新厘清各主体的责任,探寻农村养老服务多元供给新模式。

1. 政府主导的合作能推进老年群体利益最大化

元治理理论的出发点是最大限度增加公共利益。然而在具体政策制定中,由于各级财权受上级政府制约,养老服务供给从政策制定到实施所需时间长,难以迅速响应老年群体的养老需求。社会组织信息捕捉灵敏、反应迅速,在一定程度可以弥补政府缺陷。政府与社会组织达成合作,形成政府主导、社会组织参与的合作体系,可以推动老年群体利益的最大化。宏观层面上,政府对养老服务予以监管,扮演监管者、引导者的角色,为社会组织提供外在行为保障;微观层面上,政府制定有针对性的法规,对社会组织进行引导,可以避免"志愿失灵"现象。

社会组织作为养老服务的多元主体之一,在进行养老服务供给生产、传递的同时,也要参与养老服务项目的政策制定,提供宝贵的经验、建议,进行监督。政府和社会组织的合作以信任关系为前提,在此基础上,提高合作供给的整体效能,促进老年人利益最大化。

2. 民主化的服务过程能实现养老资源有效配置

政府与社会组织合作提供养老服务供给,本质上是政府与社会组织共享社会管理权力,实现养老资源的有效配置。

传统的养老服务供给模式是以家庭为主体的单一模式,制约了养老服

① 张举国."一核多元":元治理视阈下农村养老服务供给侧结构性改革[J].求实,2016(11):80-88.

② 黎春娴.元治理理论视角下我国养老服务供给侧结构性改革路径研究[J].内蒙古农业大学学报(社会科学版),2019,21(5):72-77.

务供给的可持续发展。在参与主体多元化的前提下坚持政府的主导作用，养老服务合作供给中的多个行为主体形成合作伙伴关系，可避免单一模式下的资源配置失衡。

老龄化的加深促使政府用于养老服务的开支增多，政府虽然有责任提供养老服务和养老产品，但政府的责任并不是无限的，是有边界的。在面对不同群体多样化的养老需求时，政府迫切需要得到社会组织的帮助，来应对越来越复杂的养老社会问题。

社会组织尽管可以通过各种渠道和途径募集资金，然而面对"志愿失灵"，社会组织同样需要政府的帮助，支持其发展。政府与社会组织间的相互依赖关系，使得作为养老服务合作供给主体的两者间的相关性极高。

二、社会组织参与农村养老服务供给侧结构性改革

依据元治理理论，政府与社会组织合作供给养老服务是适应人口老龄化发展的现实需要，政府"领航"，与市场、社会组织等共同合作建立协作关系。

农村养老服务领域供给侧结构性改革，就是要明确作为治理主体的政府和社会组织、市场在养老服务体系中的功能定位，平衡政府和社会组织、市场三个治理主体之间的权利关系，消解三个治理主体之间在福利供给上的矛盾与冲突，发挥政府作为元治理主体的主体作用，挖掘市场、社会组织的潜在作用。

（一）养老服务供给侧结构性改革的基本内涵

1.供给侧结构性改革的宏观背景

供给与需求关系，是市场经济中最基本的关系，只要有商品生产和商品交换的地方，就有供需关系的存在。2015年，习近平总书记提出了"供给侧"和"需求侧"这对新范畴，认为"供给和需求是市场经济内在关系的两个基本方面，是既对立又统一的辩证关系，二者你离不开我、我离不开你，相互依存、互为条件"[①]。供给侧和需求侧是管理和调控宏观经济的两个基本手段。

2015年11月，习近平总书记在中央财经领导小组第十一次会议上首次提出供给侧结构性改革，2015年11月18日，习近平主席在亚太经合组

---

① 习近平.在省部级主要领导干部学习贯彻党的十八届五中全会精神专题研讨班上的讲话[M].北京：人民出版社,2016.

织会议上再次提及"供给侧改革",明确指出经济发展需要供给与需求两侧合力,才能更好地实现平稳发展,必须加快供给侧结构性改革,使其能够尽快适应现有的需求结构。

随着经济的发展,供给和需求不平衡、不协调的矛盾和问题日益凸显,突出表现为供给侧对需求侧变化的适应性调整明显滞后。2016 年,《人民日报》指出,要用"供给侧＋结构性＋改革"来理解供给侧结构性改革的政策含义,即从提高供给质量出发,用改革的办法推进结构调整,矫正要素配置扭曲,扩大有效供给,提高供给结构对需求变化的适应性和灵活性。[①]

供给侧结构性改革不是需求紧缩,是在适度扩大总需求和调整需求结构的同时,扩大有效产品的供给,提高供给产品的质量,提高供给结构的灵活性,促使供给随市场需求的变化而变化。

正如习近平总书记所指出,供给侧结构性改革的根本,是使我国供给能力更好满足广大人民日益增长、不断升级和个性化的物质文化和生态环境需要,从而实现社会主义生产目的。其主攻方向就是减少无效供给,扩大有效供给,提高供给结构对需求结构的适应性。[②]

2.养老服务供给侧结构性改革的基本内涵

供给侧结构性改革下的养老服务延续了供给侧的含义,从提高供给质量出发,调整养老结构,优化要素资源配置,以此来满足各项养老需求。当下的养老服务建设中,机构都聚集在养老金融、养老地产和医养结合这些热门领域,对农村基础养老领域不够重视,忽视了最基本的养老需求。因此,应当大力加强对农村养老的服务力度,延伸有效供给,实现养老服务资源的有效配置。

我国农村养老服务实际上是由家庭、政府、社会组织、市场四类供给主体构成的,分别发挥着基础、支持、依托和补充的作用。在农村养老服务供给中,这四类主体都有其发展限度,导致农村养老需求增长与养老服务供给弱化、养老需求分化与社会服务供给错位等矛盾日益突出。

要改革农村养老服务这种供需不平衡的状况,就要从供给侧入手,进行结构性改革,打破"橄榄型"养老服务需求与"哑铃型"养老服务供给之间的

①　吴雨仁,杨庆军.七问供给侧结构性改革(权威访谈)[N].人民日报,2016-01-04(2).
②　习近平.在省部级主要领导干部学习贯彻党的十八届五中全会精神专题研讨班上的讲话[M].北京:人民出版社,2016.

失衡局面,发挥政府的主体支持作用,以家庭为基础,依托社会组织,以市场供给为补充,提高农村养老服务的供给质量,扩大养老服务的有效供给,以满足广大人民对养老服务需要日益增多的需求。

(二)社会组织参与养老服务的供给侧结构性改革思路

从供给侧视域下讨论我国农村养老服务改革,应厘清目前我国养老服务供给侧方面存在的问题:一是如何识别农村老年人的有效需求,探讨农村老年人的养老需求构成、影响因素及其变化;二是如何发挥政府的主体作用,平衡政府、市场和社会组织之间的关系,探讨多元供给主体间的协同机制构建,扩大养老服务的有效供给,提高养老服务供给结构对需求结构的适应性。①

1.明确政府角色,发挥政府的主体支持作用

养老服务供给侧结构性改革的首要任务是明确政府的主体地位,区分政府与社会组织、市场在农村养老服务供给中的责任。依据元治理理论,政府的角色是制度供给者、政策制定者、服务推动者以及评估监督者。

首先,在政策制定中,政府需加强政策的可操作性。虽然近年来政府屡屡出台有关养老服务的政策,但以指导性规划为主,难以落地。例如,关于民办养老机构准入的政策中,虽然降低了进入门槛,但在实际操作中,缺乏明确的细节规定,导致各地在执行中的解释各不相同。

其次,在政策执行中,应避免出现偏差和相互推诿的情况。政府除了要完善各种政策、规划的制定外,还需要避免政策执行偏离政策目标的情况。例如,养老服务政策从内容上来说可以分为生活服务和保健服务,然而笔者在调查中发现,在社区养老服务项目的供给方面,除了家政服务,很多项目利用率极低。许多养老服务项目,看起来较为理想,但在实施中,由于与养老服务对象的能力水平不相匹配,形同虚设。最典型的就是第三方提供的上门慰藉服务,尽管很多老年人迫切需要有人陪伴和聊天,但在调研中,几乎没有老年人将之放在需求项中,原因是免费的服务有限,价格太高,严重偏离了政策制定初衷。此外,虽然关于社区养老服务供给出台了不少规定,但在很多地方,社区养老机构所起的作用与家政公司类似,违背了设立的初衷。

---

① 黎春娴.元治理理论视角下我国养老服务供给侧结构性改革路径研究[J].内蒙古农业大学学报(社会科学版),2019(5):72-77.

养老政策执行中,还应厘清政府部门内部的工作机制,同时又要避免政出多门、相互推诿的局面出现。比如,民政部负责推动和监督养老服务行业发展,提供兜底救助;财政部与人力资源和社会保障部负责老年人活动经费保障及各种养老保险服务的经费保障;卫生医疗部负责医养结合服务提供及对社会化医疗组织的监督管理;工信部负责建设老年人信息服务平台,搭建智能养老的网络平台等。由于涉及多个部门,部门间极易产生沟通不顺畅的情况,任务对接时可能出现障碍。

在政策评估上,完善第三方服务平台建设。政府要建立和完善购买社会组织服务的工作机制,健全养老服务社会组织的资格准入、认证和登记评估制度,并在服务完成后通过第三方评估机制评价和监督养老服务过程的质量和效果,保证养老服务的品质和效率。

2.激发市场活力,实现养老服务供给由"哑铃型"向"橄榄型"转变

长期以来,我国农村养老服务供给的社会化程度差,尚未实现由政府单一供给的模式向社会组织、市场多中心合作供给的模式转变,普惠性养老服务市场有限,高端营利性养老服务过剩,农村养老服务供给的民间资本参与程度低。

目前,我国农村养老服务供给呈现"哑铃型"特征,市场化机制带来的高端服务和政府兜底型的敬老院的低端服务多,普惠型、质量有保证的中档服务欠缺。另外,农村养老服务需求呈现"橄榄型"特征,高、低端需求少,以基本生活照料和康复护理为主的中档需求多。调研中发现,绝大部分的养老服务机构依靠政府补助维持,床位空置率高,资金来源渠道单一,捐赠少或者几乎没有,致使社会资本不敢、不愿进入农村养老服务市场。这反映出我国养老服务市场的结构性失衡,高空置率与总床位数不足问题并存,养老费用高和机构营利难问题并存。

究其原因,在于政府对养老服务市场的支持力度不够,养老服务市场发育不健全、民间资本参与不够。因此,政府应针对不同层次的老年人养老服务需求,发挥政府的引导作用,在保证兜底人群的养老服务需求同时,鼓励市场发挥资源配置的作用,满足那些中端、高端的服务需求,激发市场参与养老服务提供的积极性,引导民间资本参与养老服务供给。

政府应以提供补贴、公办民助、民办公助、委托经营等形式,营造公平竞争的养老市场环境,吸引更多的社会资金进入养老服务领域。既要重视养老服务设施的民营资本投入,也要关注养老服务质量的提升,鼓励和引导市

场主体参与养老服务资源的供给,通过降低注册门槛、土地税收优惠、信贷支持等,降低养老服务供给的成本,吸引更多的企业进入养老服务市场,逐步形成政府引导、社会组织参与、市场运作的局面。

3.挖掘社会资本,提升社会组织和社会公众参与养老服务供给的能力

社会组织作为社会治理的中坚力量,在农村养老服务供给中起着重要的作用。无论是作为养老服务的供给者还是参与者,社会组织都扮演着重要的角色。

首先,无论是社区型的社会组织,还是民办非企业单位,在提供养老服务时,都需要得到政府的政策支持。政府通过公共财政预算,采用购买社会组织服务的方式,为社会组织提供发展空间和生存空间。例如,为参与养老服务的社会组织提供无偿或低价的办公场所和设施设备,同时在税收、金融信贷、水电气等方面给予一定的优惠政策。其次,农村中既有的社会资本,能有效地将农民组织起来。例如,血缘性文化资本、地缘性组织资本能调动村庄资源,增强村民信任,形成村庄内部的互惠机制;业缘性制度资本能有效维护村庄秩序,提供农村公共产品和公共服务。最后,加强对专业人才的培训,提升社会组织参与养老服务的专业化水平。目前,农村养老服务中对专业社会工作人员、护理人员需求量大,亟须加强对养老服务专业人员的培训,提高养老服务供给的质量和效率。只有把社会组织和社会公众的热情和潜力激发出来,加之专业人才的引导和专业服务,才能提供有效的养老服务。

三、政府主导、社会组织参与的农村养老服务供给侧结构性改革路径

政府主导、社会组织参与模式,是指当前各地在积极推进农村养老服务供给侧结构性改革发展过程中,地方政府应居主导地位,扮演供给者、裁判员、监督者的角色,积极鼓励和引导社会组织和广大人民参与农村养老服务供给。政府通过各种制度安排,积极推动养老服务供给侧结构性改革,充分让非政府组织、集体及人民共同承担养老服务的供给,在以政府为主导的服务框架内,赋予多元主体自我组织、自我决定、自我服务的能力,最终构建由政府机制、市场机制和社会机制等组成的整体协同供给机制。[①]

---

① 　曾保根.基本公共服务供给机制的逻辑、误区与构想[J].中国行政管理,2013(9):70-73.

在政府主导、社会组织参与的养老服务供给侧结构性改革模式中,政府应承担起"元治理"功能。政府是多方主体中负责协调的,由政府主导、社会组织参与的农村养老服务供给侧结构性改革的本质特征在于政府发挥元治理功能,提升互助参与各方的凝聚力和发展能力,实现农村养老服务供给侧结构性改革的可持续发展。

（一）农村养老服务供给侧结构性改革总体框架

按照构建共建共治共享社会治理格局的要求,充分发挥市场在资源配置中的决定性作用,更好发挥政府引领作用,推动有效市场和有为政府更好结合,建立"养、依、乐、安"的养老服务模式。"养、依、乐、安"的养老模式是在"老有所养"的基础上,由政府主导整合农村社区资源,基于老年人的不同需求,由不同的社会组织提供各种专业、可定制的养老服务,从养老服务供应端改革入手,满足不同层次的养老需求,实现"老有所依、老有所乐、老有所安"。

基于这一认识,新时代我国农村养老服务供给侧结构性改革应以"政府合理参与"为基础,科学界定由政府主导、社会组织参与的农村养老服务供给侧结构性改革的属性,完善养老服务供给侧结构性改革的政策规范和框架,创新农村养老服务供给机制,提升服务质量和协同多元主体高质高效管理,形成"政府主导、市场调控、社会协同、邻里支持、家庭承担"的互助服务模式,推动我国未来农村养老服务供给的可持续发展。

（二）农村养老服务供给侧结构性改革路径

1.明确农村养老服务供给侧结构性改革中政府的地位和作用

现代公共管理理论提出,政府应充分发挥元治理的作用,适度干预,在其他社会主体发挥作用的时候积极"隐退",平衡好社会利益各相关方。目前,我国农村养老服务供给侧结构性改革没有在实践中形成相应的原则和规范,政府也没有对养老服务供给侧结构性改革进行合理的定位与规范。因此,基于元治理理论,可以从以下几个方面来界定农村养老服务供给侧结构性改革中政府的地位。

首先,政府是制度供给者。[①] 完善的制度是农村养老服务稳定运行的根本基础,也是农村互助养老模式的保障。制度供给是政府的基本职能。

---

① 何晖.政府主导型农村互助养老:衍生逻辑·实践框架·路径取向[J].吉首大学学报（社会科学版）2021(4):69-79.

在农村养老服务供给侧结构性改革发展中,政府应当发挥其权威性,作为公共权力执行者和公共利益代表者来制定相关的制度规则,搭建好制度框架,着力解决其中存在的养老服务质量标准不明确、多元主体利益分配不均衡、矛盾冲突严重、违规行为监控不到位、管理信息不公开等突出问题,为农村养老服务供给侧结构性改革提供必要的制度基础。

其次,政府是公正无私的裁判员。多元主体的广泛参与是农村养老服务供给侧结构性改革的一个基本特征。多元主体由于能力不一样,所承担的责任不同;参与动机的差异,亦会导致养老服务供给体系中的利益冲突和矛盾,从而加大了交易成本,影响各主体间关系的稳定。因此,政府必须充当"公正无私"的裁判员角色,从公共利益的角度出发,依据相关制度规范,消除各主体间分歧,化解矛盾,弥合多元主体之间沟壑,推动有效合作,保障养老服务供给体系稳定有效运行。

最后,政府是明察秋毫的监督者。奥斯特罗姆认为解决公共池塘资源的原则包括相互监督和分级制裁,合作成员的监督和对违规行为的惩戒是人类维系合作的基本要求。政府主导、社会组织参与的农村养老服务供给侧结构性改革本质上是在政府主导下多元主体合作供给农村养老服务的活动,其有效运行也必须依赖于良好的监督和得力的制裁。政府应依据相关制度规范,对其他主体参与养老服务供给侧结构性改革的动机、财务状况、服务质量与效果等进行监督评估,并根据评估结果,将不合乎制度规范要求的参与者淘汰出局。同时,政府也要对合作过程中主体出现的违规行为依据其行为性质进行分级制裁。

2. 构建以老年人需求为导向的农村养老服务供给政策体系

从实践看,政府主导、社会组织参与的农村养老服务供给侧结构性改革涉及多主体、多层次、多目标维度,要推动农村养老服务供给的高质量可持续发展,就需要在政府的主导下,从主体多元参与、结构多层次、目标取向多维等方面,构建以满足农村老年人真实需求为宗旨的农村养老服务供给政策体系。

首先,从主体多元参与来看,农村养老服务供给侧结构性改革应发展并保障多元服务主体,整合养老服务供给资源,制定以老年人为中心、融合多主体力量的政策规范。比如,地方政府可以出台鼓励引导社会组织、民间资本参与养老服务供给侧结构性改革的政策规范,并对多元主体的合法权益进行保护。

其次,从结构多层次来看,政府主导、社会组织参与的农村养老服务供给侧结构性改革应根据老年人的健康程度、覆盖范围、服务内容与范围等,将农村养老服务供给模式划分为多层次的结构模式,据此形成分层多体的政策体系。例如,制定农村养老服务供给内容、质量方面的国家标准,包括"农村养老服务供给内容及标准""农村养老服务的改革等级、划分与评定""农村养老服务改革管理办法"等。各地根据自己的实践再有针对性地制定相应的行业规范,如"农村养老服务供给的安全基本规范"。

最后,从目标取向维度来看,农村养老服务供给侧结构性改革不仅要实现分配的公平与效率,也要兼顾多主体的经济效益。政府要完善财政补贴政策,加强对补贴资金的监督管理,如制定"进一步完善养老服务业财政补贴政策""老年居民养老补贴暂行办法"等,让老年人共享社会经济发展红利,提高多元主体的获得感与满意度。

3.创新政府主导、社会组织参与的农村养老服务供给侧结构性改革机制

根据元治理理论,在农村养老服务供给侧结构性改革中,应在多元主体之间建立起有效的利益博弈和兼容机制,努力寻求政府、社会组织、市场以及家庭在农村养老服务供给领域的均衡点。未来由政府主导、社会组织参与的农村养老服务供给侧结构性改革可以构建以下四种多主体供给形式。

首先,政府+市场型。对于一些公益性相对较弱或因其特点不宜由政府直接组织提供的公共服务,政府应通过鼓励和引导方式,吸引、组织社会组织和企业共同参与。

其次,政府+村两委+老年协会型。农村养老服务供给的具体施策,应依靠政府、村两委和老年协会来实现,可以采取政府+村两委+老年协会的模式,通过发放津贴、补贴等各项优惠政策调动村两委和老年协会的积极性。

再次,政府+非营利组织型。对于非营利组织,政府可以通过授权合作式委托、直接或间接资助方式以及相关的规制性手段鼓励、引导其发展。

最后,政府+邻里/家庭型。邻里和家庭也是农村养老服务供给中重要的主体。村民可通过集资和分摊的形式承担部分修建邻里互助点、幸福院、养老大院等任务,并在老年人日常活动中提供生活照料、精神慰藉等帮助。政府也应当充分调动村民的力量投入农村养老服务供给建设。①

---

① 何晖.政府主导型农村互助养老:衍生逻辑·实践框架·路径取向[J].吉首大学学报(社会科学版)2021(4):69-79.

4.丰富农村养老服务供给侧结构性改革的内容和方式

如何在保障老年人基本需求的基础上,满足老年人的多维度需求是政府主导型农村养老服务供给侧结构性改革的要义,从服务范围、服务方式和服务质量等方面着手,丰富农村养老服务供给侧结构性改革,满足农村老年人的多维需求。

首先,扩大政府主导型农村养老服务供给的内容。现阶段,农村养老服务供给多停留于生活照料、精神慰藉、心理疏导等方面,忽视了农村老年人自我发展的需要。此外,农村老年人对于新鲜事物的学习、社会外界信息的获取有限,容易陷入"信息茧房",严重影响了生活质量和养老体验。因此,应利用互联网+、5G、物联网等新技术为农村老年人提供更好的养老体验,提高农村老年人的生活水平。

其次,创新农村养老服务供给的服务方式。应借鉴城市社区的时间银行模式,通过代际互助形式,使老年人的服务成果得到认可并获得激励,实现"志愿互助"到"储蓄互助"的转变。

最后,进一步提高农村养老服务供给的服务质量,为老年人提供规范化管理、专业照料护理和舒适的生活环境。在为老年人提供专业化的活动指导之上,协助老年人最大程度地实现再社会化,实现养老服务供给从"简单互助"到"规范互助"的转变。与此同时,要建立养老服务供给的资源配置和效能评价机制,科学设定养老服务供给的评估指标,并通过政府的相关政策及约束机制,借助媒体等社会舆论的力量加强对农村养老服务供给质量的监督与管理,促进政府主导、社会组织参与的农村养老服务供给侧结构性改革的长足发展。[1]

---

[1] 何晖.政府主导型农村互助养老:衍生逻辑·实践框架·路径取向[J].吉首大学学报(社会科学版),2021(4):69-79.

结 语

　　长期以来，"谁来养老"的问题一直受到社会重点关注。中国传统社会以"孝"为主，依靠家庭养老方式。随着现代家庭结构的变迁和人们需求的变化，传统家庭养老方式难以为继。基于中国的传统文化与发展现状，养老服务作为一个综合体系和复杂工程，不能简单划定单一的责任承担者，需要关注供给主体的多样化、诉求的多样化、投入的多样化、模式的多样化，以及要素的多样化等方面问题。对标让老年人都能老有所养、老有所依、老有所乐、老有所安这四个方面的目标和要求，我国养老服务在供给端仍存在较大差距，在中西部农村尤其明显。

　　城市由于基础设施完善，医疗资源丰富，城镇居民收入和社会保障较为健全，尤其随着国家财政投入的增加和养老产业的发展，养老问题得到一定程度的纾解。广大的农村地区由于居住分散、消费能力低，养老产业发展难度较大。此外，农村老年人普遍收入低、存款少，即便有相关产业，老年人也无财力享受品质较高的服务。

　　另外，随着预期寿命的普遍提高，农村中的高龄、失能老年人日益增多，许多老年人年老体弱，部分甚至完全丧失了生活和劳动自理能力，亟须有人照料。农村老年人对生活照料、医疗健康、精神慰藉、社会交往和权益保障方面的需求日渐增加，传统的养老方式却逐渐崩塌，当代家庭的普遍少子化，更使得传统养老方式不堪重负，故农村已成为中国应对养老挑战的重心。

　　在此种情况下，政府担负起公共服务供给责任的同时，也需要社会力量采取多种方式加入其中。从社会组织与个人等层面来看，政府需要提供相关的顶层设计与政策支持，才能有效提高各类社会组织、企业和个人的参与积极性,弥补农村养老服务供应的严重不足。

本书基于对全国 10 个省市、53 个村的实际调研,对社会组织参与养老服务的实践样态、动因以及制约因素进行了分析,提出在农村青壮年外出务工,养老公共服务的供给面临困境的情况下,利用农村既有的资源禀赋优势,调动农村内生资源,完善农村养老服务供给。针对农村养老服务供给的哑铃型结构与养老服务需求的橄榄型结构严重不匹配的情况,提出应逐步建立以农村养老服务需求为导向,政府主导、社会组织共同参与的"养、依、乐、安"普惠型农村养老服务新模式。

目前我国的社会保障以社会保险为主,社会福利和社会救济的发展较为滞后。社会保险中养老保险只能满足老年人的基本生活消费,现行的农村医疗保险也只能解决部分医疗费用的支出,无法覆盖护理康复等费用。在老年人生活需求多样化、多层次的今天,要实现老年人的"养、依、乐、安",需要更丰富的物品和服务,才能综合满足老年人的需求。因此,要建立一个可持续的养老服务模式,首要条件是充分了解老年人的真正需求和喜好。

在湖南、湖北、浙江等地,许多老龄会从原初的老年人娱乐场所,演变成老年人互助养老的社会组织,弥补了机构养老、居家养老等模式的不足;江苏、安徽、湖北等地出现了合作社牵头的社会组织,部分承担了村庄的养老供给责任。此外,农村中还有一些以村小组为单位的自发性基金组织、邻里互助小组,采取互助等形式,来抚恤孤寡、操办红白喜事等。在乡村治理中,这些社会组织通过各种方式,实现了与基层政府的合作,满足了不同层次不同能力人群养老的需求,为乡村治理的现代化提供了新的路径。

因此,本书从现有不同社会组织参与农村养老服务的实践出发,对农村留守老人和非留守老人的养老需求、养老意愿予以剖析,并对不同类型社会组织提供的养老服务进行了研究,指出单纯依靠政府或社会组织无法完善农村养老服务的提供,应从供给侧入手,构建一个以需求为导向的政府和社会组织共同参与的农村养老服务模式,满足农村养老需求。

在现实层面上,通过对农村留守老人和非留守老人的需求,以及社会组织参与农村养老服务供给实践样态的分析,为实现政府主导、社会组织等多元主体参与的农村留守老人养老服务供给提供了实际的解决方案。

目前中国农村养老服务的保障体系、规模、范围、标准、供给能力与服务水平等方面,都无法满足迅速增加的留守老人的相关需求,而留守老人生活状况的差异、需求的多样性,让问题变得更加复杂,给各级政府与社会带来极大的压力与挑战。

如何在城乡发展不平衡、东西发展不平衡的大背景下,面对农村人口老龄化不断加深的问题,合理提供相关的养老服务,满足农村留守老人的养老需求,提升他们生活质量,是首先要解决的问题。

在理论层面,由于农村空心化,社区治理水平下降,农村出现衰败的现象,亟待乡村振兴。探讨空心化背景下农村既有社会资本的运用,剖析农村养老服务的真实需求,能切实提升农村养老服务质量。从供给端着手,推进养老服务供给侧结构性改革,推动政府主导、社会组织合作参与的农村养老服务供给新模式建设,构建普惠型农村养老服务体系,不仅是破解农村养老困局的重要突破口,更是增强老年人获得感、幸福感和安全感的应有之义。

在农村养老服务领域,对政府与社会组织合作模式、领域的探讨具有一定的前瞻性。既有研究多聚焦在理论层面,对于农村养老服务中政府与社会组织合作的生成逻辑、实践样态及制约因素等重要内容缺乏讨论。本书对政府和社会组织的关系进行了深入的探讨,拓宽了政府和社会组织合作的领域,为农村养老服务问题的解决提供了新思路。

参考文献

奥斯本,盖布勒.改革政府:企业家精神如何改革着公共部门[M].周敦仁, 等,译.上海:上海译文出版社,2013.

布尔迪厄.文化资本与社会炼金术:布尔迪厄访谈录[M].包亚明,译.上海: 上海人民出版社,1997.

陈芳,方长春.家庭养老功能的弱化与出路:欠发达地区农村养老模式研究 [J].人口与发展,2014,20(1):99-106.

陈天祥,应优优.甄别性吸纳:中国国家与社会关系的新常态[J].中山大学 学报(社会科学版),2018,58(2):178-186.

陈伟东,佘君玗.改革开放以来党领导基层社会治理变革的内在逻辑[J].社 会主义研究,2021(6):101-107.

程维荣.中国近代宗族制度[M].上海:学林出版社,2008.

党俊武,李晶,张秋霞,等.中国老年人生活质量发展报告(2019)[M].北京: 社会科学文献出版社,2019.

邓文,乔梦茹.农村老年群体养老需求的影响因素分析——基于湖北省四市 760位农村老人的调查[J].理论观察,2017(1):94-96.

董红亚.中国政府养老服务发展历程及经验启示[J].人口与发展,2010(5): 83-87.

杜鹏,安瑞霞.政府治理与村民自治下的中国互助养老[J].中国农业大学学 报(社会科学版),2019(3):50-57.

杜鹏,王菲."老有所为"在中国的发展:政策变迁和框架构建[J].人口与发 展,2011,17(6):34-38.

多吉才让.中国最低生活保障制度研究与实践[M].北京:人民出版

社,2001.

费孝通.江村经济[M].南京:江苏人民出版社,1986.

费孝通.乡土中国[M].北京:北京出版社,1998.

费正清.美国和中国[M].张理京,译.北京:世界知识出版社,2000.

福山.大分裂:人类本性与社会秩序的重建[M].刘榜禹,等,译.北京:中国
　　社会科学出版社,2002.

福山.信任:社会美德与创造经济繁荣[M].彭志华,译.海口:海南出版
　　社,2001.

傅晓静.论唐代乡村社会中的社[J].青岛大学师范学院学报,2000(1):
　　21-25.

甘颖.农村养老和养老自组织的发展[J].南京农业大学学报(社会科学版),
　　2020(3):48-58.

高和荣,张爱敏.中国传统民间互助养老形式及其时代价值——基于闽南地
　　区的调查[J].山东社会科学,2014(4):42-46.

高和荣,张爱敏.宗族养老的嵌入性建构[J].吉首大学学报(社会科学版),
　　2019,40(3):154-160.

高凯,姜茂敏,崔倩倩,等.社会支持对上海市不同年龄段老年人健康的影响
　　[J].中国健康教育,2021(2):170-174.

郭金来.中国家庭养老服务支持政策:需求、评估与政策体系构建[J].广州
　　大学学报,2021(4):61-70.

韩保江.把握好供给侧结构性改革与需求侧管理关系[N].经济日报,2022-
　　04-12.

韩鹏云.历史制度主义视域的农村五保供养制度变迁研究[J].西北农林科
　　技大学学报(社会科学版),2014(1):15-20.

贺雪峰.互助养老:中国农村养老的出路[J].南京农业大学学报(社会科学
　　版),2020,20(5):1-8.

贺雪峰.乡村振兴战略要服务老人农业[J].河海大学学报(哲学社会科学
　　版),2018,20(3):1-5,90.

侯志伟.政府购买公共服务的竞争性分析框架及制度机制——基于S市经
　　验的案例研究[J].中国行政管理,2016(7):57-63.

黄季焜,邓衡山,徐志刚.中国农民专业合作经济组织的服务功能及其影响
　　因素[J].管理世界,2010(5):75-81.

黄俊辉,李放,赵光.农村社会养老服务需求意愿及其影响因素分析:江苏的数据[J].中国农业大学学报(社会科学版),2015,32(2):118-126.

黄俊辉.农村养老服务供给变迁:70年回顾与展望[J].中国农业大学学报(社会科学版),2019,36(5):100-110.

黄晓勇.中国社会组织报告[M].北京:社会科学文献出版社,2017.

纪竞垚.家庭照料对老年人机构养老意愿的影响——基于CLASS数据的实证分析[J].调研世界,2019,12(1):17-22.

瞿小敏.社会支持对老年人生活满意度的影响机制——基于躯体健康、心理健康的中介效应分析[J].人口学刊,2016(2):49-60.

达斯古普特,撒拉格尔丁.社会资本——一个多角度的观点[M].张慧东,姚莉,刘伦,等,译.北京:中国人民大学出版社,2005.

黎春娴.元治理理论视角下我国养老服务供给侧结构性改革路径研究[J].内蒙古农业大学学报(社会科学版),2019,21(5):72-77.

李放,樊禹彤,赵光.农村老人居家养老服务需求影响因素的实证分析[J].河北大学学报(哲学社会科学版),2013,38(5):68-72.

李海舰,李文杰,李然.中国未来养老模式研究——基于时间银行的拓展路径[J].管理世界,2020,36(3):76-90.

李健,荣幸,孙莹."以人为中心"的社会组织分类支持体系重构[J].中国行政管理,2021(2):47-52.

李连友,李磊,邓依伊.中国家庭养老公共政策的重构——基于家庭养老功能变迁与发展的视角[J].2019,10(10):112-119.

李俏,郭凯凯,蔡永民.农村养老供给侧改革的结构生态与可能路径:一个文献综述[J].广西社会科学,2016(7):149-153.

李俏,孙泽南.合作社融入农村养老供给的逻辑、模式与效应[J].西北农林科技大学学报(社会科学版),2021,21(1):114-122.

李俏,孙泽南.农村互助养老的衍生逻辑、实践类型与未来走向[J].中南民族大学学报(人文社会科学版),2021,41(10):98-107.

李俏,许文.农村养老服务供给侧改革的研究理路与实现方式[J].西北人口,2017,38(5):51-57.

李双全,张航空.政府购买社会组织居家养老服务:典型模式、适用条件及潜在风险[J].江淮论坛,2019(6):175-179.

李月娥,卢珊.安德森模型的理论构建及分析路径演变评析[J].中国卫生事业管理,2017,34(5):324-327.

李月娥,卢珊.医疗卫生领域安德森模型的发展、应用及启示[J].中国卫生政策研究,2017(10):77-82.

李兆友,郑吉友.农村社区居家养老服务需求强度的实证分析——基于辽宁省S镇农村老年人的问卷调查[J].社会保障研究,2016(5):18-26.

李兆友,郑吉友.我国农村社区居家养老服务协同供给探析[J].东北大学学报(社会科学版),2016,18(6):616-621.

梁鸿,赵德余.农民参与社会养老保险行为选择及其保障水平的因素分析——来自上海郊区村庄层面的经验[J].中国人口科学,2009(1):88-96,112.

梁誉,董静.我国农村养老服务制度70年的回顾与展望——基于"提供—筹资—规制"的框架分析[J].山东行政学院学报,2021(10):224-230.

梁志峰.古云村古城村调查[M].长沙:湖南人民出版社,2013.

林闽钢.论我国社会养老服务的公益性及实现途径[J].人口与社会,2014,30(1):7-11.

林闽钢.我国农村养老实现方式的探讨[J].中国农村经济,2003(3):33-39.

刘春湘,姜耀辉.社会组织参与养老服务的逻辑框架:制度环境·主体类型·实践方式[J].吉首大学学报(社会科学版),2020,41(5):37-47.

刘静,曾渝,黑启明.基于安德森模型的社区老年人健康管理服务效果评价指标体系构建研究[J].中华健康管理学杂志.2017,11(3):222-227.

刘妮娜.欠发达地区农村互助型社会养老服务的发展[J].人口与经济,2017,38(1):54-62.

刘西国.代际经济支持健康效应检验[J].西北人口,2016,37(1):45-51.

刘一伟.互补还是替代:"社会养老"与"家庭养老"——基于城乡差异的分析视角[J].公共管理学报,2016,13(4):77-88,156.

卢珊,李月娥.Anderson医疗卫生服务利用行为模型:指标体系的解读与操作化[J].中国卫生经济,2018,37(9):5-10.

吕雪枫,于长永,游欣蓓.农村老年人的机构养老意愿及其影响因素分析——基于全国12个省份36个县1218位农村老年人的调查数据[J].中国农村观察,2018(4):102-116.

毛一敬.重建社会交往:农村老年人精神慰藉的组织化实践路径[J].东北大学学报(社会科学版),2021,23(5):73-80.

穆光宗.老龄人口的精神赡养问题[J].中国人民大学学报,2004(4):124-129.

穆光宗,茆长宝.人口少子化与老龄化关系探究[J].西南民族大学学报(人文社科版),2017,38(6):1-6.

穆光宗.我国机构养老发展的困境与对策[J].华中师范大学学报(人文社会科学版),2012,51(2):31-38.

穆怀中,陈曦.人口老龄化背景下农村家庭子女养老向社会养老转变路径及过程研究[J].中国软科学,2012(12):78-89.

帕特南.使民主运转起来[M].王列,赖海榕,译.南昌:江西人民出版社,2001.

彭金玉.农村空巢老人社会化养老服务体系研究——基于诸暨市的实证分析[J].人民论坛,2013,(2):156-157.

彭希哲,宋靓珺,黄剑煜.中国失能老人长期照护服务使用的影响因素分析——基于安德森健康行为模型的实证研究[J].人口研究,2017,41(4):46-59.

钱凤伟."时间银行"开启互助养老新模式[N].中国妇女报,2017-12-26(3).

邵文娟.供给侧改革视角下社会组织参与养老服务供给研究[J].宏观经济研究,2019(7):168-175.

双艳珍.社会组织供给农村空巢老人养老服务:障碍及模式[J].山东行政学院学报,2020(4):82-87.

宋宝安.农村失能老人生活样态与养老服务选择意愿研究——基于东北农村的调查[J].兰州学刊,2016(2):137-143.

宋娜,李俏.政府服务视域下的农村老年人精神需求供给研究[J].社会福利(理论版),2017(7):24-27.

唐丹,徐瑛.应对方式、社会网络对留守老人抑郁症状的作用及机制分析[J].人口研究,2019(5):54-65.

陶涛,丛聪.老年人养老方式选择的影响因素分析——以北京市西城区为例[J].人口与经济,2014(3):15-22.

田北海,雷华,钟涨宝.生活境遇与养老意愿——农村老年人家庭养老偏好影响因素的实证分析[J].中国农村观察,2012(2):74-85.

王飞鹏,白卫国.农村基本养老服务可及性研究——基于山东省17个地级市的农村调研数据[J].人口与经济,2017(4):54-62.

王静,吴明.北京市某城区居家失能老年人长期护理方式选择的影响因素分析[J].中国全科医学,2008,11(23):2157-2160.

王名.非营利组织的社会功能及其分类[J].学术月刊,2006,38(9):8-11.

王名,刘国翰,何建宇.中国社团改革[M].北京:社会科学文献出版社,2001.

王名.中国非营利评论(第七辑)[C].北京:社会科学文献出版社,2011.

王沛,刘军军.基于安德森模型的多重慢病患者就医机构选择及影响因素研究[J].中国全科医学,2020,23(25):3154-3159.

王浦劬.政府向社会组织购买公共服务研究:中国与全球经验分析[M].北京:北京大学出版社,2010.

王雪峤.农村留守老人情感与精神需求困境破解[J].人民论坛,2015(20):146-148.

王召青,闫雯鑫,孙欣然,等.城市低龄和中高龄老年人养老意愿及其影响因素[J].中国老年学杂志,2019(20):5101-5104.

吴开松.社会资本与民族地区农村社会管理创新[J].华中师范大学学报(人文社会科学版),2012,51(2):15-22.

吴培材.照料孙子女对城乡中老年人身心健康的影响——基于 CHARLS 数据的实证研究[J].中国农村观察,2018(4):117-131.

吴雨仁,杨庆军.七问供给侧结构性改革(权威访谈)[N].人民日报,2016-01-04(2).

武玲娟.农村老年人社区养老服务需求及其影响因素分析——基于第四次中国城乡老年人生活状况抽样调查山东省数据[J].山东社会科学,2018(8):97-103,152.

徐家良,赵挺.政府购买公共服务评估机制研究[J].政治学研究,2013(5):87-92.

徐拓远,张云华.“十四五”时期积极应对农村人口老龄化的思路与举措[J].2021(10):31-40.

杨凯.论现代公共法律服务多元化规范体系建构[J].法学,2022(2):3-20.

杨小娇,汪凤兰,张小丽,等.健康自评和孤独感对老年人健康促进行为的影响[J].中国老年学杂志,2020,40(18):93-95.

姚俊,张丽.嵌入性促进、个体性感知与农村居家养老服务需求——基于三省 868 名农村老人的问卷调查[J].贵州社会科学,2018(8):135-141.

姚远.中国家庭养老研究[M].北京:中国人口出版社,2001.

叶敬忠,贺聪志.静默夕阳:中国农村留守老人[M].北京:社会科学出版社,2008.

叶敬忠,贺聪志.农村劳动力外出务工对留守老人生活照料的影响研究[J].农业经济问题,2010,31(3):46-53,111.

阴启峰,秦立建.乡村振兴背景下完善合作社养老模式研究[J].中国合作经济,2020(9):63-66.

于长永.农村老年人的互助养老意愿及其实现方式研究[J].华中科技大学学报(社会科学版),2019,33(2):116-123.

于长永.农民对"养儿防老"观念的态度的影响因素分析——基于全国10个省份1000余位农民的调查数据[J].中国农村观察,2011,32(3):69-79.

郁建兴,吴宇.中国民间组织的兴起与国家—社会关系理论的转型[J].人文杂志,2003(4):142-148.

袁松.消费文化、面子竞争与农村的孝道衰落——以打工经济中的顾村为例[J].西北人口,2009,30(4):38-42.

苑鹏.日本综合农协发展经验及其对中国农村合作社道路的借鉴[J].农村经济,2015(5):118-122.

曾保根.基本公共服务供给机制的逻辑、误区与构想[J].中国行政管理,2013(9):70-73.

张川川,陈斌开."社会养老"能否替代"家庭养老"?——来自中国新型农村社会养老保险的证据[J].经济研究,2014,49(11):102-115.

张举国."一核多元":元治理视阈下农村养老服务供给侧结构性改革[J].求实,2016(11):80-88.

张文宏,张君安.老年人健康自评差异的影响因素研究——基于虚拟情境锚定法的 CHOPIT 模型分析[J].东岳论丛,2020,41(4):60-70.

张旭升,牟来娣.政府购买背景下草根养老组织社会资本建构的行动逻辑——以 M 市 Y 区 S 组织为例[J].社会发展研究,2017,4(1):94-110,243-244.

张燕娥,李艺欣.农村"养儿防老"模式面临的现实困境[J].人民论坛,2017(6):74-75.

张子睿,巩佳伟.网格化社会服务体系研究[M].北京:九州出版社,2017.

章晓懿.政府购买养老服务模式研究:基于与民间组织合作的视角[J].中国行政管理,2012(12):48-50.

赵黎青.联合国对非政府组织的界定[J].学会,2009(3):3-4.

赵立新.社区服务型居家养老的社会支持系统研究[J].人口学刊,2009(6):41-46.

赵宁.社会资本视角下农村多元化养老模式研究[J].社会保障研究,2018(3):30-35.

郑功成.让社会组织成为养老服务生力军[J].学会,2016(1):25,44.

郑功成.中国的贫困问题与 NGO 扶贫的发展[J].中国软科学,2002(7):9-13.

钟曼丽.农村留守老人生存与发展状况研究——基于湖北省的调查[J].湖北社会科学,2017(1):72-78.

周福林.我国留守老人状况研究[J].西北人口,2006(1):46-49,56.

周娟,张玲玲.幸福院是中国农村养老模式好的选择吗?——基于陕西省榆林市 R 区实地调查的分析[J].中国农村观察,2016(5):51-64,95-96.

周秀平,刘求实.以社管社:创新社会组织管理制度[J].杭州:我们,2011(5):54-58.

朱火云,丁煜.农村互助养老的合作生产困境与路径优化——以 X 市幸福院为例[J].南京农业大学学报(社会科学版),2021,21(2):62-72.

左学金.面临人口老龄化的中国养老保障:挑战与政策选择[J].中国人口科学,2001(3):1-8.

Chalmers L, Joseph A E, Smithers J. Seeing farmers' markets: Theoretical and media perspectives on new sites of exchange in New Zealand[J]. Geographical Research, 2009, 47(3): 320-330.

Duara P. Culture, Power, and the State: Rural North China, 1900-1942 [M]. Stanford: Stanford University Press, 1991.

Eekelaar J, Pearl D. An Ageing World [M]. London: Clarendon Press, 1989.

Huang P. The Peasant Economy and Social Change in North China[M]. Stanford: Stanford University Press, 1985.

Johnson N. The Welfare State in Transition: The Theory and Practice of Welfare Pluralism [M]. Amherst&Boston: University of

Massachusetts Press，1987.

Lo T，Parkinson L，Cunich M，et al. Factors associated with the health care cost in older Australian women with arthritis：An application of the andersen's behavioural model of health services use[J]. Public Health，2016，13(4)：64-71.

Milligan C. Landscapes of Voluntarism：New Spaces of Health，Welfare and Governance[M]. Bristol：Policy Press，2006.

Mogey J M，Cseh-Szombathy L. Aiding and Aging：The Coming Crisis in Support for the Elderly by Kin and State [M]. New York：Greenwood Publishing Group，1990.

Ogunsanya M E，Jiang S，Thach A V，et al. Predictors of prostate cancer screening using andersen's behavioral model of health services use [J]. Urologic Oncology，2016,17(3)：14-18.

Salamon L M，Anheier H K. In search of the non-profit sector Ⅱ：The problem of classification [J]. Voluntas：International Journal of Voluntary and Nonprofit Organizations，1992(3)：267-309.

Tsai L L. Accountability Without Democracy：Solidary Groups and Public Goods Provision in Rural China [M]. Cambridge：Cambridge University Press，2007.

Vivienne S. The Reach of the State：Sketches of the Chinese Body Politic [M]. Stanford：Standford University Press,1998.

White G. Prospects for civil society in China：A case study of Xiaoshan City[J]. The Australian Journal of Chinese Affairs，1993 (29)：63-87.

Wilson S，Meagher G，Hermes K. The social division of welfare knowledge：Policy stratification and perceptions of welfare reform in Australia[J]. Policy & Politics，2012，40(3)：323-346.

Wuthnow R，Anheier H K. Between States and Markets the Voluntary Sector in Comparative Perspective [M]. Princeton：Princeton University Press,1991.

附录一　农村老年人生活状况调查问卷

您好！我们受民政部门委托，目前正在做一个关于农村老年人生活状况的调查问卷，想实地了解您的一些情况以便研究，希望您积极参与。谢谢您的支持与配合。

一、基本情况

姓名：＿＿＿＿＿＿＿　　地址(村)：＿＿＿＿＿＿＿

1. 性别：

A. 男 □

B. 女 □

2. 您是哪一年出生的？＿＿＿＿＿＿年

3. 您目前的婚姻状况：

A. 未婚 □

B. 已婚 □

C. 离婚 □

D. 丧偶 □

4. 您的文化程度：

A. 不识字 □

B. 小学 □

C. 初中 □

D. 中专/高中 □

E. 大专及以上 □

5. 请问您现在跟谁一起居住？（多选）

A. 配偶 □

B. 儿子 □

C. 女儿 □

D. 父母 □

E. 兄弟姐妹 □

F. 孙辈 □

G. 独居 □

H. 其他（请注明：＿＿＿＿＿＿＿＿）

6. 请问您的子女在外地打工吗？

A. 常年在外打工 □

B. 每年在外打工半年以上 □

C. 偶尔在外打工 □

D. 在家务农 □

7. 请问您的子女每年在家时间有多长？

A. 常住 □

B. 半年以上 □

C. 一个月以上 □

D. 偶尔 □

二、生理及心理健康

1. 您觉得您目前的身体状况如何？

A. 只能依靠亲人，情况不乐观 □

B. 需要规律性或者长期在医院接受治疗，情况不太稳定 □

C. 需要规律服用药物，但情况基本稳定 □

D. 身体十分健康 □

2. 和去年相比，您现在的健康状况如何？

A. 差很多 □

B. 差一些 □

C 没有太大变化 □

D. 好一些 □

E. 好很多 □

3. 请问您最担心什么？

A. 生病 □

B. 无人照料自己 □

C. 家庭矛盾 □

D. 孤单 □

E. 生活无保障 □

F. 没什么担心的 □

G. 没有收入 □

H. 担心子女、孙辈 □

4. 当您需要别人照料时，您最喜欢哪一种方式？

A. 家庭成员养老 □

B. 上门护理等日间照料 □

C. 长住养老院 □

D. 其他 □（请注明：_____）

5. 您目前吃饭、穿衣、上厕所、洗澡是如何完成的？

A. 独立完成 □

B. 子女帮忙 □

C. 请人陪护 □

D. 其他 □（请注明：_____）

三、经济与生活状况

1. 请问您的月收入是多少？

A. 0—100 元 □

B. 100—500 元 □

C. 500—1000 元 □

D. 1000—2000 元 □

E. 2000—4000 元 □

F. 4000—6000 元 □

G. 6000 元及以上 □

2. 您目前最主要的经济来源是什么？

A. 无稳定来源 □

B. 家庭其他成员供养 □

C. 自食其力 □

D. 政府或社会补助 □

E. 养老保险或商业保险 □

3. 如果给您一笔费用,与您在外打工的工资差不多,您是否愿意在家照顾村里比您年纪更大的老人?

A. 非常不愿意 □

B. 不太愿意 □

C. 一般 □

D. 愿意 □

E. 非常愿意 □

四、社交状况

1. 您经常聊天的对象是谁(多选)?

A. 配偶 □

B. 子女 □

C. 孙辈 □

D. 邻居 □

E. 保姆 □

F. 村干部 □

G. 其他 □(请注明:＿＿＿＿＿＿＿＿)

2. 如果有可能的话,您希望去哪些场所参加活动?

A. 老年活动中心 □

B. 老年兴趣班 □

C. 运动健身、锻炼场所 □

D. 都不参加 □

3. 假如您独自在家生病时,第一想到的求助人是谁?

A. 子女 □

B. 亲朋好友 □

C. 邻居 □

D. 村干部 □

E. 其他 □(请注明:＿＿＿＿＿＿＿＿)

4．您遇到困难时,谁最能给您提供帮助?

A. 子女 □

B. 亲朋好友 □

C. 邻居 □

D. 村干部 □

E. 其他 □(请注明:＿＿＿＿＿＿)

5．您家有电话或手机吗?

A. 有 □

B. 没有 □

五、社会保障

1. 请问您目前是否享受过农村养老保险?

A. 是 □

B. 否 □

2. 您目前是否参加了以下医疗保障项目?

A. 新型农村合作医疗 □

B. 商业医疗保险 □

C. 居民基本医疗保险 □

D. 其他 □(请注明:＿＿＿＿＿＿)

3. 您没参加医疗保障项目的原因是什么?(多选)

A. 当地没有提供 □

B. 参保费用高 □

C. 报销比例低 □

D. 报销范围窄 □

E. 不知道有这些保障项目 □

F. 其他 □(请注明:＿＿＿＿＿＿)

六、

1. 您做下列日常活动的困难程度如何?

日常活动	不困难(5分)	有些困难(3分)	完全做不了(1分)
1.吃饭、穿衣			
2.洗澡、上厕所等个人卫生活动			
3.行走、上楼梯等简单运动			
4.做饭			
5.买东西			
6.跑动、出行(乘坐交通工具等)			
7.带小孩(生活上)做家务			
8.干农活等			
9.管理钱财			
10.教育小孩(学习上)			

2.现在,我们想了解一下您与亲友交往的情况。

(1)一个月您至少能与几个家人/亲戚见面或联系?

A.没有　　B.1个　　C.2个　　D.3—5个 E.5—9个 F.9个以上

(2)您能与几个家人/亲戚放心地谈您的私事?

A.没有　　B.1个　　C.2个　　D.3—5个 E.5—9个 F.9个以上

(3)当您有需要时,有几个家人/亲戚可以给您提供帮助?

A.没有　　B.1个　　C.2个　　D.3—5个 E.5—9个 F.9个以上

(4)一个月您至少能与几个朋友见面或联系?

A.没有　　B.1个　　C.2个　　D.3—5个 E.5—9个 F.9个以上

(5)当您有需要时,有几个朋友可以给您提供帮助?

A.没有　　B.1个　　C.2个　　D.3—5个 E.5—9个 F.9个以上

附录二　留守老人入户访谈提纲

1.基本情况介绍(年龄、性别、婚姻状况、受教育程度等)

2.家庭情况(家庭人口数量或子女数量)

3.子女外出情况(子女外出时间、回家时间、外出地点,是否帮带孙辈,是否经常与子女进行电话联系)

4.身体健康状况(平常是否需要吃药或住院)

5.生活照料情况(生活是否能够自理,需不需要他人帮助与照顾)

6.生活满意度(对目前的生活是否满意,目前生活是否有难处)

7.收入情况(目前月收入大约多少,是否能参加劳动,有哪些收入来源)

8.房子、土地处置情况(自耕、子女代耕、流转等)

9.社会交往情况(平常主要交往对象有哪些,平常有哪些主要的休闲娱乐活动)

10.社区和社会组织照顾情况(是否接受过诸如上门医疗、理发之类的社区照顾服务,与村委会关系如何,是否接受过村委会的照顾,是否参加过社会组织的活动)

11.社会保障情况(是否购买过养老保险,是否满意)

12.养老意愿(家庭养老、社区养老、机构养老这几种养老模式更倾向于哪一种,为什么)

附录三　邵东市老龄会访谈编码

对象编码	性别	年龄	基本情况
S1	男	81	丧偶，文盲。四个儿子都在外地打工，经常会通电话，过年的时候会回来。身体状况良好，患有高血压，但一直在吃降压药。平时自己照顾自己，每个月生活费有三四百元，是儿子们过年回来时给的。平常主要和邻居、村民聊天，曾经去过老龄会。愿意在家养老，因为在家里比较自由，不需要麻烦别人。
S2	女	70	丧偶，文盲。三个儿子都在外地打工，过年的时候会回来，需要照顾家中的两个孙女、一个孙子。身体状况良好，没有严重疾病。不需要别人照顾，儿子们会按时给生活费。没有时间休闲，只有晚上有时间看电视剧。愿意在家养老，在外面不习惯。
S3	男	63	丧偶，小学学历。儿子一家三口在县城生活，节假日会回来。身体状况良好，没有严重疾病，但近几年身体状况越来越差。感觉现在生活一般，配偶在世时感觉生活不错。平常会看电视、去村里打牌。主要靠自己赚钱，不需要儿子给生活费，能保障基本生活。愿意在家养老，不会离开家。
S4	女	77	丧偶，文盲。三个儿子都在外地打工，一个女儿嫁到外地，过年的时候可能会回来，有时候两三年不回来。前几年做过一次手术，现在身体状况良好，没有严重疾病，但无法干太重的活，村里人有时会过来帮忙。不清楚一个月有多少生活费，但子女给的钱，再加上养老保险，基本够用。平常主要和隔壁邻居联系，也会去村里转一下。

对象编码	性别	年龄	基本情况
S5	女	82	丧偶,上过三年小学。三个儿子、三个女儿,一个儿子一家搬去了县城,一个儿子一家在苏州打工,三个女儿都嫁到了外地,过年的时候会回来。近几年身体状况越来越差,平时基本能生活自理,生病的时候需要人照顾,老龄会来帮忙。儿子每月会给三五百元的生活费,生活基本过得去。
S6	男	62	结婚将近40年,小学学历。两个女儿出嫁了,一个儿子在读大学。去年肝脏出现问题,希望身体更健康。一个月大约能赚2000元,愿意去老龄会帮忙。以后会去养老院养老。
S7	女	61	结婚39年,初中学历。两个女儿嫁到了本乡其他村,现在都在外地打工,一个儿子在读大学,每个星期都会通电话。身体状况一般,前年肾脏出现问题,需要每天吃药。现在身体已基本恢复,能够自己照顾自己,偶尔会去老龄会。愿意在家养老。
S8	男	65	和弟弟一起生活,小学学历。身体状况良好,患有糖尿病,每天饭前需要吃药,但不会影响正常生活。平时自己照顾自己,现在生活没有什么问题,但对以后的生活表示担心。之前依靠打零工赚钱,一个月能赚2000元左右,现在主要是种田,没有什么存款。以后会去养老院养老。
S9	女	79	丧偶,文盲。六个女儿、一个儿子,六个女儿都嫁到外地了,儿子一家住在县里,节假日会回来,会经常打电话和孙子聊天。村里偶尔会有人过来慰问。以后不会住养老院。
S10	女	69	和配偶在一起生活,文盲。唯一的儿子在上海,过年的时候会回来。患有眼病、高血压,做过一次大手术,现在每天需要吃多种药物。主要依靠配偶照顾。儿子每个月会给生活费,还有养老金。平常不出门,在家里看电视。愿意在家养老。
S11	女	61	两个女儿都在外地打工,过年的时候会回来。身体状况良好,前几年曾因为摔断腿住院,现在已经基本恢复。不需要别人照顾,能够自己应对生活中的事情,对现在的生活状态比较满意。经济方面主要靠配偶在镇上打零工,自己会去老龄会帮忙。希望以后有人照顾自己。

续表

对象编码	性别	年龄	基本情况
S12	男	88	丧偶。两个儿子和两个女儿都在外地打工,过年的时候会回来。身体状况一般,患有高血压,需要每天吃药。基本能够生活自理,有困难会找同村的侄子或老龄会帮忙。每月大约有四五百元生活费,主要来自养老补贴和子女。平常主要是聊天、散步,交往对象以同村老人和侄子为主,偶尔和村委会干部联系。愿意在家养老。
S13	女	82	丧偶,文盲。两个儿子都在外地打工,过年的时候会回来,平时联系比较少。近几年眼睛越来越不好,记性越来越差。不知道每个月有多少生活费,但钱够用,主要来自补贴和儿子。除了生病时没有人照顾外,平时生活比较顺畅。接受过村委会的照顾和服务。愿意在家养老。
S14	女	73	丧偶,文盲。两个儿子都在外地打工,会定期电话沟通,过年的时候会回来。身体状况良好,前几年生了场大病,现在已经基本恢复,但是还需要每天吃药。不需要别人照顾,还可以照顾两个孙子。每月的生活费主要来自儿子、儿媳和政府补贴。主要交往对象为儿子、儿媳与孙子,主要娱乐活动是看电视与做一些简单的农活。偶尔会去老龄会。
S15	女	65	儿子、儿媳在外地工作,经常会回来,家里还有两个孙子。身体状况良好,患有糖尿病,需要使用胰岛素,但没有严重疾病。不需要别人照顾,生活状态较好,偶尔会去老龄会。以后由儿子养老。

附录四　吕良镇金淮村访谈编码表

编号	性别	年龄	子女数量	访谈地点	访谈用时	养老意愿
JH01	男	48	1	淮安市吕良镇金淮村村委会	80分钟	机构养老
JH02	女	68	3	淮安市吕良镇金淮村村委会	20分钟	机构养老
JH03	男	45	1	淮安市吕良镇金淮村村委会	15分钟	家庭养老
JH04	女	54	2	淮安市吕良镇金淮村村委会	18分钟	家庭养老
JH05	女	82	6	淮安市吕良镇金淮村一组	20分钟	家庭养老
JH06	男	62	3	淮安市吕良镇金淮村二组	18分钟	家庭养老
JH07	女	61	3	淮安市吕良镇金淮村二组	15分钟	家庭养老
JH08	男	65	0	淮安市吕良镇金淮村一组	20分钟	机构养老
JH09	女	79	7	淮安市吕良镇金淮村一组	18分钟	家庭养老
JH10	男	69	2	淮安市吕良镇金淮村一组	15分钟	家庭养老
JH11	女	65	2	淮安市吕良镇金淮村二组	15分钟	家庭养老
JH12	女	61	2	淮安市吕良镇金淮村二组	15分钟	家庭养老
JH13	男	71	4	淮安市吕良镇金淮村一组	18分钟	家庭养老
JH14	女	82	2	淮安市吕良镇金淮村一组	20分钟	家庭养老
JH15	男	64	2	淮安市吕良镇金淮村一组	15分钟	家庭养老
JH16	女	62	2	淮安市吕良镇金淮村一组	15分钟	家庭养老
JH17	男	73	2	淮安市吕良镇金淮村三组	20分钟	社区养老

续表

编号	性别	年龄	子女数量	访谈地点	访谈用时	养老意愿
JH18	男	88	4	淮安市吕良镇金淮村三组	20 分钟	家庭养老
JH19	女	73	2	淮安市吕良镇金淮村三组	18 分钟	家庭养老
JH20	男	66	2	淮安市吕良镇金淮村三组	15 分钟	家庭养老

后 记

历经五年,本书终将付梓,感慨良多,尽在不言中。

多年来奔走了许多地方进行调研,目睹农村留守老人的状况逐渐好转,但仍有不少地方的农村留守老人境遇堪忧。

在当前我国农村少子化、老龄化、空心化的背景下,虽然很多社会组织积极参与农村留守老人的养老服务供给中,囿于种种原因,真正能发挥作用的却不多,且东部沿海地区与中西部地区有着较大的差异。

一方面,农村留守老人的养老服务需求日益增长,呈"橄榄型"结构;另一方面,养老服务供给相对滞后,呈"哑铃型"结构,供需严重不匹配。单纯依靠政府或者社会组织显然难以完成这一任务,由政府主导、社会组织参与的养老服务供给侧结构性改革可能是化解这一困局的方法之一,这也是本书的主旨。

本书第四章第二、三节和第六章第二节部分内容由禹宁瑶参与撰写,第五章第四节部分内容由张烽菊参与撰写,第六章第三节至七节由汪建冲撰写,感谢课题组成员禹宁瑶、罗骧、周洁、张烽菊、叶方韵、付茂维、汪建冲的辛苦工作。本书得以顺利付梓感谢杭州市临平区委宣传部的鼎力支持,感谢临理志愿服务学院提供的平台,感谢投身养老服务的各社会组织,更感谢调研过程中与我们交流的农村留守老人,他们期盼的眼光是推动本书写作的重要动力。

李熠煜

2022 年终末于钱塘江畔浙江理工大学